日本人文社会研究

第一辑

赵彦民 主编

图书在版编目（CIP）数据

日本人文社会研究. 第1辑 / 赵彦民主编. — 北京：商务印书馆，2023
ISBN 978-7-100-21951-8

Ⅰ.①日⋯　Ⅱ.①赵⋯　Ⅲ.①日本—研究—文集
Ⅳ.①K313.07-53

中国国家版本馆CIP数据核字（2023）第010369号

权利保留，侵权必究。

日本人文社会研究
第一辑
赵彦民　主编

商务印书馆出版
（北京王府井大街36号　邮政编码 100710）
商务印书馆发行
北京虎彩文化传播有限公司印刷
ISBN 978-7-100-21951-8

2023年9月第1版　　　开本 787×960　1/16
2023年9月第1次印刷　　印张 13 1/4

定价：80.00元

《日本人文社会研究》编辑委员会

主　任：刘　宏

副主任：于　飞

委　员（以汉语拼音字母为序）：

　　　　陈秀武　　岛村恭则　　宫崎里司　　李海涛　　龙　圣
　　　　牛承彪　　乔林生　　　唐永亮　　　王加华　　王霄冰
　　　　于　飞　　于　康　　　樱井龙彦　　姚艳玲　　岳永逸
　　　　张士闪　　张玉玲　　　赵彦民　　　周　星

《日本人文社会研究》发刊词

　　《日本人文社会研究》是大连外国语大学日本语学院、日本研究院主办的学术辑刊，本辑刊旨在继承大外日语教育传统，结合新的国际形势和高校人才培养及学科发展要求，深化以日本为国别对象的语言教育和科学研究的相互融合，尝试搭建"日本研究"学术交流平台。大连外国语大学前身为大连日语专科学校，1964年，为实现中日邦交正常化、培养国家亟须的日语翻译人才，在周恩来总理等党和国家领导人的关怀下创建。日语专业是大连外国语大学创办历史最悠久的专业，日语专业于1986年获日语语言文学硕士学位授予权，2009年获批MTI专业硕士学位授予权，2014年获"东北亚外交外事高端人才"博士培养资格，并获得辽宁省本科示范专业、教育部特色专业、首批国家级一流本科专业建设点等诸多殊荣。近年来，围绕培养知识复合、学科融合和具有实践能力的新型外语人才，拓展语言教育＋专业是探索人才培养新模式的基本方向。在此背景下，为了进一步推进日语专业学科发展，提高不同专业领域教师的跨学科协同合作研究能力，2020年9月，大连外国语大学成立了日本研究院。

　　日本研究院以大连外国语大学日本语学院为依托，协调全校相关日本研究的师资力量，在巩固日语语言学、文学及翻译等既有优势学科领域的基础上，整合了教育学、社会学、民俗学、历史学、政治学、经营学等领域的学术力量，以日本为对象进行区域国别研究，致力于"日本研究"活动的体系化，学术平台的组织化和制度化。近年来，区域国别研究在中国蓬勃发展，特别是 2022 年，区域国别学被设立为一级交叉学科，可以看出，区域国别研究在深入了解世界、解决我国面临的全球性和地区性问题上具有直接的现实性和紧迫性。基于上述要因，日本研究院旨在以"文献调查""田野调查""协同合作"等方式，多层次展开对日本的政治、经济、历史、社会、文化的研究与学术交流，通过对日本的深度研究，充分认识和了解日本，为我校培养日本研究专业型、复合型、国际型人才提供支撑。同时，通过对战后日本社会发展经验的研究，为服务国家与地方的对日交流提供智力保障。

如何深入研究日本、如何读懂日本，在方法和视角上需要从日本的内部和外部双方面展开考察，需要不断推进中日两国学者间的学术交流、对话与合作。《日本人文社会研究》意在提供这样的一个学术交流平台，让更多的中日学者在这个平台上展示自己的研究成果，从不同学科、不同路径、不同视角提出自己的见解。我们期望通过这份学刊，促进我们与国内、国外学者的学术交流和往来，不断拓展"日本研究"的深度和广度。同时，也祈盼学界朋友对我们的支持。

《日本人文社会研究》编辑委员会

2023 年 2 月 13 日

目　录

日本民俗学

日本民俗学的特色与今后的方向 ……福田亚细男　著　彭伟文　译　（3）

日本歌谣研究

生产叙事歌的可能性
　　——其表现的广泛性 ………………末次智　著　韩芯如　译　（29）
日本南岛的生产叙事歌谣
　　——表现形式和文化模式之间 ………………………牛承彪　（42）

在日华人社会文化研究

长崎的中国文化交响诗
　　——舞、食、节 …………………………………………王　维　（71）
日本近代化中的华侨
　　——福建籍吴服行脚商与日本农村社会 ……………张玉玲　（92）
COVID-19疫情下日本新华侨的共助和公助
　　——以在日移民团体调查为例 ………………………赛汉卓娜　（119）

日语语言学研究

定指、分离以及量化规则与语义指向的相关性
　　——以「たくさん」「すこし」为例……………………于　康（137）
日语位移事件表达类型认知语义研究
　　——与西班牙语对比………………姚艳玲　蔡凌云　张建伟（155）
"Thinking for speaking"（为言而思）："主客对立"及"主客合一"
　　——说话者识解偏好的类型学特征及其对语言
　　教学的启示…………池上嘉彦　著　万巨凤　姚艳玲　译（179）
书评　濱田英人著『認知と言語：日本語の
　　世界と英語の世界』開拓社、2016年…………秦　上　胡小春（196）

日本民俗学

日本内科学

日本民俗学的特色与今后的方向

福田亚细男　著　彭伟文　译[*]

摘　要　日本民俗学是由柳田国男几乎以一己之力创立的，但有其前提存在。其一是江户时代文人对民俗的关心，其二是明治时代以后欧洲民俗学的影响。这二者相结合，产生了具有与欧洲以及其他民俗学不同特色的日本民俗学。其最大的特色在于，不是语言的民俗学，而是行为的民俗学。20世纪过去，进入21世纪以来，随着时间推移，学界对民俗学的状况进行了反省，提出了新的方向。此前以历史过程为中心的比较研究，向对现代生活文化的个别研究转变。在这当中，以欧美的民俗学为榜样的倾向增强了。但是，不以日本民俗学的特色为前提的主张，实际上削弱了日本民俗学的世界性意义。今后，必须以在世界的民俗学中具有举足轻重意义的日本民俗学作为目标。

关键词　日本民俗学；行为的民俗学；个别研究；野之学问

一、两个令人头疼的动向

日本民俗学的存在感在20世纪80年代大为增强，在对日本的社会、文

---

[*]　福田亚细男，日本国立历史民俗博物馆名誉教授（日本千叶285-8502）；彭伟文，浙江师范大学国际文化与社会发展院副教授（浙江金华321004）。

化进行思考时,经常被视作应当参考的学问。实际上,在历史学等各种人文、社会科学领域,也能够看到参考民俗学,或与民俗学合作的动向。其中,社会史的发达更增强了这种倾向。但是,进入 90 年代以后,此前一直得到高度评价,被视作学习对象的开拓者柳田国男的思想和认识开始受到严厉批判,与此同时,对民俗学的批判也越来越严厉。民俗学被称为"日暮西山的日本民俗学",遭到"超过报废年限的民俗学""脑死亡状态的民俗学"的严苛批评。

进入 21 世纪很快就要 20 年了,在这期间,民俗学界是否做到了把握现状并努力去克服它?在本世纪的最初 10 年,很少有思考民俗学的存在方式本身的动向。虽然能看到对新的研究领域、研究课题的投入,但并未重新把握民俗学的整体状况,又或者是讨论仅在民俗学界内部进行,没有向社会展示自己的存在意义的动向。这种现象,清晰地体现在 2011 年 3 月 11 日的地震和海啸,以及核电站事故的应对上。当时,复旧、复兴成为重大课题,在受灾地进行了各种各样的努力。尤其是在恢复生活世界的过程中,地域社会重建成为特别重大的课题,而关于作为其物理基础的聚落的重建,进行了包括迁移到高地的问题在内的种种议论。迄今为止,民俗学一直以在聚落的基础上展开的事象作为自己的研究对象,对重建的聚落以及在那里形成的社会的存在方式,理所当然应该发表意见,但却几乎没有得到这样的机会。这种现象,真实地反映了民俗学毫无存在感的现状。

近年,学界进行了一些让陷入这种境地的民俗学重新成为有意义的存在的尝试,出现了一些重新构筑民俗学整体形象的动向。这些是让民俗学重新焕发活力的努力,应该说是理应大受欢迎的,但这些动向却呈现为两种相反的方向。一是从欧美民俗学近年来的动向发现新的活路,另一种是让民俗学向柳田国男回归的做法。两者的问题都在于,以另一种民俗学为目标的时候,并没有考虑现在的日本民俗学的特质。

(一)以欧美民俗学为基准

第一种动向,是以欧美的民俗学为参照,试图从这里找到民俗学应有的方向，将其应用在日本民俗学上。就日本民俗学而言，先驱者柳田国男在民俗学的形成过程中，曾经参考过欧洲的民俗学，这一点广为人知。此外，在柳田指导下的民间传承之会的机关刊物《民间传承》也留出了篇幅介绍欧美民俗学，并没有失去对欧美民俗学的关心。但是，战后的民俗学对日本以外的地方的民俗学的关心几乎完全消失了。作为学会组织的日本民俗学会，并不是位于日本的进行民俗学研究的学会，而是作为以日本为研究对象的民俗学的学会组织而存在。这一点在会员的构成上得到了非常清晰的体现。其机关刊物《日本民俗学》几乎没有对海外的民俗学理论进行介绍和评论，而以海外的民俗为对象的研究也很少得到刊载。

进入 21 世纪，在了解到战后的欧美民俗学界对旧有的民俗学进行反省，向具有新的内容、方法、课题大幅转型后，意图将这种做法导入日本民俗学，实现日本民俗学的转型的动向变得显著起来。这种现象，始于对美国民俗学的动向的关注，从 20 世纪 90 年代就开始逐渐形成。

在美国作为新的研究方向被提出来的，是对在都市社会被讲述的故事的研究。布鲁范德的《消失的搭车客》由大月隆宽等翻译成日语出版是在 1988 年。① 在这本书中，Urban Legend 被译为"都市传说"。这个由都市和传说结合而成的术语所带有的新鲜感，令其立即在日本普及开来，进而传到民俗学以外，出现在大众传媒上。现在，都市传说已经不是民俗学的术语，而是成为电视、互联网上的日常用语。这种在都市中思考传说的新鲜想法给日本民俗学带来了很大影响。自此，应该以美国的民俗学为参照，将其引入日本民俗学的想法被公开提出来。但是，美国的民俗学是以口头讲述的事象为其研究对象的，都市传说清晰地表明了这一点，并不能与日本民俗学相对应。在这一点上，以美国民俗学为参照，在日本也应该采用同样做法的观点，就很难得到采纳。

进入 21 世纪，作为应该参照的对象快速浮现的是德国的民俗学。在德

---

① ジャン・ハロルド・ブルンヴァン著，大月隆寛、菅谷裕子、重信幸彦訳：《消えるヒッチハイカー：都市の想像力のアメリカ》，新宿書房，1988 年。

国，对旧有的民俗学进行反省，向新的民俗蜕变的动向，从20世纪70年代起逐渐增强。这是一种由基本上指向过去的民俗学向现代的民俗学转变的动向。关于这种动向，最早是由坂井洲二在《德国民俗纪行》（1982）中介绍的，但在当时并没有引起多少反响。[1] 其后，河野真就德国民俗学展开了热心的介绍工作。2001年，河野将主导德国民俗学的赫尔曼·鲍辛格的《技术世界中的民俗文化》（1961年初版，1968年修订版）翻译成日语出版。[2] 自此，将民俗文化从过去的固定化理解中解放出来，从其与现代技术世界的关系进行把握的观点，逐渐对日本民俗学产生了影响。进入21世纪10年代，以德国民俗学为参照的动向急速发展。2018年，日本民俗学会年会邀请德国的民俗学研究者举办研讨会一事，就明显地体现了这一点。

这种以德国为中心的民俗学的新动向是对现代社会的日常生活进行研究的民俗学新动向，它试图从指向过去的民俗学实现转向。正如很多论调所呈现的那样，是一种直接进口的民俗学，不以日本民俗学的积累为前提，赞扬新的动向，意图将其引入日本。正如明治国家进口欧美的各种科学一样，打算单纯地向欧美学习。日本民俗学，是作为柳田国男对这种直接进口的学问进行批判的结果登场的，可以说那是一种忘记了这一点，再次向进口的学问回归的动向。

（二）民俗学是日本特有的学问

另一种动向是，认为日本民俗学是与欧美及其他的民俗学不同的学问，没有必要以其他民俗学为参照的立场。

这种立场的主导者之一是新谷尚纪。新谷在《什么是民俗学》（2011）中表示，日本民俗学"虽然与英国的Folklore、德国的Volkskunde，又或是Ethnology（民族学）、Culture anthropology（文化人类学）相互之间都有一定的共通点，但它以柳田国男提倡，折口参与创立的学问为根本，与前述诸种

---

[1] 坂井洲二：《ドイツ民俗紀行》，法政大学出版局，1982年。
[2] ヘルマン・バウジンガー 著，河野眞訳：《科学技術世界のなかの民俗文化》，愛知大学国際コミュニケーション学会，2001年。

有明显差异的学问"[①]。

如此主张日本民俗学的独特性，当然会对日本民俗学的开拓者柳田国男给予高度评价，主张继承柳田国男的民俗学。换言之，就是主张将民俗学固定为柳田国男的民俗学，其立场必然会变成通过半世纪前就已经去世的柳田国男的著作去学习和继承。也许可以评价其为返祖的民俗学。同时，这种立场标榜一种日本特有的，与其他民俗学不同的，也就是作为固有的学问的民俗学。它认为民俗学是研究日本社会、日本文化，去究明其本来模样的学问。也就是说，这种立场最后会归结为以对日本文化进行本质主义理解为目标。

这种立场否定了民俗学作为学问的国际性，可以说是国家主义的民俗学，锁国的民俗学。

二、日本民俗学也是和欧美及其他地方的民俗学同样的学问

（一）19 世纪形成于欧洲的民俗学

民俗学是 19 世纪在欧洲形成的。被翻译为日语的"民俗"和"民俗学"的英语单词是 Folklore，但 Folklore 这个单词不是自古就有的，而是由 Folk 和 Lore 这两个独立的词汇结合而成的合成词。1846 年，威廉·汤姆斯以安布罗斯·莫顿的笔名写信给《雅典娜神庙》杂志的编辑提出倡议，指出那些此前被称为大众古俗、大众文学的事物，其内容更多的是知识（Lore）而非文艺，今后应该从人们的知识（The Lore of the People）的意义出发，称之为 Folklore，在杂志上积极地给予关注。这封信发表在第 982 期（阿兰·邓迪斯《民俗研究》，1965）。那以后，伴随着 Folklore 这一词语的出现，对 Folklore 的收集以及研究开始了。1878 年，英国民俗学会成立，在 19 世纪末的活动已经呈现出一片活跃状态。高莫的《作为历史科学的民俗学》是在 1908 年出版的。在那前后，美国也开始了民俗学研究，在法国 Folklore 也有被使用。

德语的民俗学是 Volkskunde，但它也不是自古就有的德语词汇，然而大

[①] 新谷尚纪：《民俗学とは何か》，吉川弘文館，2011 年。

家知道，它比英语的 Folklore 更早被使用。通常大家所了解的是，它最早于1787 年由布拉格的约瑟夫·玛德在《波西米亚的国土与民众与国家的实学入门书》中被使用（赫尔曼·鲍辛格［河野真译］《民俗学：从古代研究到文化分析》2010 年，原著出版于 1971 年）。[①] 但是，据称它作为单词使用的例子比这还要早 5 年，在 1782 年创刊的旅行杂志《旅行者》中就已经出现过（英格伯格·韦伯-克勒曼、安德烈亚斯·毕玛、斯格弗里德·贝克［河野真译］《欧洲民族学的形成 德国民俗学史》2011 年版，原作初版于 1969 年）。[②] 德国民俗学有浓厚的浪漫主义色彩，是强调民族、国家的民俗学。

上述 Folklore、Volkskunde 在日本被翻译为民俗、民俗学，发展成为日本民俗学。

（二）日语的民俗、民俗学的来历

民俗、民俗学作为日语表达时间并不久远。当然，关于"民俗"一词，是在中国的汉籍中有记载的古老词汇，但它在日本的使用并不是很久。作为非日常用语的"民俗"，近世开始出现在读书人的文章中，近代则作为行政上的语言开始使用，但与现在作为学问的民俗学中所使用的"民俗"一词，在意义上是不同的。

"民俗"一词早期的使用例子，有关祖衡的《新人国记》。《新人国记》是对成书于战国时代，评论各个律令国（前现代时期的日本地域区划，日本全土被划分为 60 余国）的人情、风俗的《人国记》进行增补、追加注释而成的作品，成书于 1701 年（元禄 14 年）。[③] 其中关于佐渡国的记述，其形式是先放上《人国记》的文章，在其后以"私以为"的方式记述关本人的看法。

> 该国风俗，与越后相似而气性狭隘，无疏朗之气。其心愚痴，极其

[①] ヘルマン・バウジンガー著，河野眞訳：《フォルクスクンデ：ドイツ民俗学：上古学の克服から文化分析の方法へ》，文緝堂，2010 年。
[②] インゲボルク・ヴェーバー＝ケラーマン，アンドレーアス・C・ビマー，ジークフリート・ベッカー著，河野眞訳：《ヨーロッパ・エスノロジーの形成：ドイツ民俗学史》，文緝堂，2011 年。
[③] 浅野建二校注：《人国記・新人国記》（岩波文庫），岩波書店，1987 年。

顽固。虽长于武勇，但难以称善。

私以为，该国为越后、能登近海上一岛屿，风疾雪深，其民俗最为狭隘。本书记之甚详。

与《人国记》使用"风俗"相对的，关的《新人国记》则使用的是"民俗"。这里的"民俗"不是指人们所做的事，而是指性情、性格、气质，指佐渡国的人们"其民俗最为狭隘"。如果对其他律令国民俗的记述稍做介绍的话，则如下文：

本书所言之处之民俗，皆海滨、都会之风情也（摄津）

其民俗本书所记甚详，风气最为轻薄（伊势）

其民俗如本书所言，风气不佳（甲斐）

其民俗如本书所言，人心顽强（上野）

民俗温和（加贺）

其民俗如本书所见，因受山谷秀气之故，上下智慧聪敏（石见）

可见，这是和现在的民俗学所用的"民俗"一词大为相异的用法，与现在仍不时被用到的"县民性"相近。

明治新政府曾经将"民俗"作为行政用语使用。1874年，明治政府向各县发出国史编纂的指示，但这里的所谓"国史"是指维新以来行政上的变迁和经济的变化，要求对这些内容进行记述和编纂。作为记述的基准，第二年下发了"分类例则"，分成县厅、制度、政治、县治、附录诸类，其中"县治"再分类为地理、户口、民俗、学校、警保，其中一项就是"民俗"。在这里的"民俗"是指人民的风俗。在各县或其下各郡的民俗记载中包含了岁时节日、信仰仪式、冠婚丧祭等内容，但其中充满了"淫风""恶弊""奢侈""野鄙""固陋"等评语。[①] 并不是简单地对罕见的风俗进行介绍，而是

---

① 国立公文书馆数字档案 https://www.digital.archives.go.jp/[府县史料]。

专门记述那些从行政方面看应该批评、矫正的陈旧和错误的风俗。这里的"民俗"一词只不过是在行政性记述上使用，并没有在社会上普及起来。

像现在这样将作为研究对象被把握的事象称为"民俗"，将研究这些事象的学问领域称为"民俗学"，是在它们作为英语的 Folklore 或德语 Volkskunde 的翻译被采用以后。1911 年，上田敏在演讲中对英国的 Folklore 进行了介绍，当时他将 Folklore 称为"俗说学"，将其中的 Folk music 称为"民俗乐"，Folk drama 称为"民俗剧"进行介绍（上田敏《民俗传说》，《上田敏全集》第六卷）。可以说，这是"民俗"作为学术用语第一次登场。此外，1912 年以石桥卧波为中心组织成立了日本民俗学会，发行了机关刊物《民俗》。在其阐述办刊旨趣的发刊词中，说明"民俗学"是 Volkskunde 之意的同时，还介绍了 Folklore 的来历。在这里"民俗"作为研究上的术语被确定下来了。

作为术语的"民俗"和近世文人所说的民俗或明治新政府行政用语的民俗虽然并非没有关系，但并不是此前的民俗直接变成研究上的术语。"民俗"是作为翻译词与 Folklore 或 Volkskunde 相对应，又或是被翻译为"民俗学"而登场的。对与现在以"民俗"这一术语加以把握的事象几乎相同的事象进行研究的学问在此之前就已经存在，但它是作为人类学内部的分支学科，以"土俗"这一术语去表现和把握的。虽然称为"土俗""土俗调查""土俗学"，但这些不是 Folklore 或 Volkskunde 的翻译，根据当时人类学的指导者坪井正五郎的解释，土俗学是指 Ethnography。但是，"民俗""民俗学"成为学术用语，是因为它们作为 Folklore 和 Volkskunde 的翻译而被采用。日本民俗学虽然有近世文人，以及明治的人类学的土俗学作为其前史，但至多不过是前史而已，作为民俗学独立，是在与英国、德国的民俗学相结合的前提下才成为可能的。

（三）日本民俗学也是通过学习欧美的民俗学发展起来的

柳田国男被认为在使用"民俗学"这一术语方面曾经有过犹豫。确实，他曾经将自己的学问表述为乡土研究、民间传承论等。在柳田国男的记述中，"民俗""民俗学"这些术语很少见。这可能是为了让自己的学问和成果广为普及，而没有使用"民俗""民俗学"这些在社会上不普遍流通的，生硬的表述。柳田国男理所当然地使用"民俗学"是在战后，但即便如此，他对将民间传承之会更名为日本民俗学会一事也并未积极表示同意。也有可能是柳田知道明治政府曾经将"民俗"用在对民众从上至下的把握上，因而避免积极使用这个词语，又或者是为了建立日本自己的学问，而没有使用作为英语、德语的 Folklore 或 Volkskunde 的翻译的"民俗""民俗学"。

《乡土研究》杂志在 1913 年由柳田国男和高木敏雄创办，在封底印上了德语的杂志名称和目录。此外，可以说相当于发刊词的创刊号卷首论文《乡土研究的特性》是由高木敏雄执笔的，这是与强调民族的德国的 Volkskunde 相对应的说明。与其说这是柳田的想法，不如说是德语专业出身的高木的立场的有力表现，但对于在封底使用德语一事，柳田无疑是同意的。也就是说，对"乡土研究"的内容和德语的 Volkskunde 相对应这一点，柳田并没有否定。

正如柳田国男的藏书目录所体现的那样，柳田购入并阅读了很多洋文书籍。他阅读过的痕迹以写在书页上的标记或笔记的形式体现出来。他 1914 年购入英国著名研究者 G. L. 高莫的《作为历史科学的民俗学》（1908），读了两遍并在认为重要的地方画线。这就像莫斯指出过的那样，是"柳田民俗学的英国起源"（罗纳尔多·莫斯《柳田民俗学的英国起源》，《展望》1976 年 6 月号）。[①] 柳田显然是通过学习欧洲的民俗学形成了自己的民俗学。但是，他一以贯之地没有揭开这个秘密。他没有遵循标注出处和依据的文章写作规则，而是采用了给人们以随笔或旅行记印象的写法，读者无法发现柳田文章背后有欧洲民俗学研究者的理论和方法，又或是研究积累。尽管如此，如果仔细研读的话，有一些文章可以推测出他参考了欧洲的研究。柳田国男独自开拓了民俗学，这是确定无疑的，但构成其基础的除日本国学者的见解、明治时期人类学者的研究外，还有欧洲研究者们的见解。但是，他通过不揭开

---

① ロナルド・A. モース著，宇野正人訳：《柳田民俗学のイギリス起源》，《展望》1976 年 6 月号。

这个机密，营造出自己的民俗学的独特性、独创性印象（福田亚细男《柳田国男的民俗学 —— 提供研究课题的柳田国男》，《文学·语学》207 号）。就这样，留下了他与海外的民俗学并无关系的印象。

柳田国男进行了杂志的发行和以其为媒介对读者的组织化。杂志出了几期后就停刊的事多次发生，但在民俗学的确立期刊行，长期作为日本民俗学中心杂志的是《民间传承》。1935 年，作为柳田国男花甲纪念举办了日本民俗学讲习会，并将其参加者组织起来创建了民间传承之会，《民间传承》就是它的机关刊物。日本民俗学讲习会在当年夏天举办，为期一周，每天上午安排了两次讲座，共十四讲。其中，设定了松本信广的《法兰西的民俗学研究》和冈正雄的《德奥两国的民俗学研究》两次讲座。可以说，这体现了日本民俗学也是世界的民俗学的一部分，具有参考他国、他地区的民俗学的必要性。

此外，在由该会创刊的《民间传承》中，对欧美民俗学进行了与当时的会员构成和研究动向没有多少关系的介绍。其开端是 1937 年 3 卷 3 号刊载的热内普《民俗学》（《大英百科全书》第 13 版增补版）的译文。在紧随其后的一期上刊载了《德国民俗学界之一斑》，第 5 号刊载了《挪威的民俗学》，第 6 号刊载了赫尔兹的《死亡的集体表象》，第 7 号刊载了威廉·施密特的《民族学与民俗学》，第 8 号刊载了阿道夫·斯帕玛的《作为科学的民俗学》，第 9 号刊载了《德国的调查提纲》，第 10 号刊载了施莱能的《民俗学与宗教民俗学》，第 11 号刊载了雨果·霍夫曼的《民俗学与学校》，每一期都以翻译或论文提要的方式对欧洲的民俗学进行了介绍。在第二年的 4 卷 1 号（1938）对"民俗学读书会"活动作了以下介绍：

> 去年 12 月起以木曜会会员为中心组织起来的本会，目的主要是对以民俗学为中心的外国文献进行介绍和研究，以每月一到两次的集会形式进行，至今为止的进展如下。

这里介绍的文献有八种，其中包括了马林诺夫斯基的三种文献，这一点值得注意。负责介绍文献的是大藤时彦、关敬吾、大间知笃三、守随一、最上孝敬、仓田一郎，是运营民间传承之会的核心年轻研究者。这些弟子学习欧洲的民俗学或人类学的动向，无疑是得到了柳田的首肯。

此外，柳田国男本人也谈到了欧洲的民俗学。柳田在《民间传承》8卷3号的卷首以《塞比洛的方法》为题，对法国的保罗·塞比洛的调查研究法进行了批判性的介绍。此外，在同一杂志的4卷5号（1939）中，与飞驒高山味增买桥的传说内容几乎完全相同的故事，在高莫的《作为历史科学的民俗学》中也有记载一事引起了研究者的注意，并推测两者是否有关联。

就是这样，当时是将日本民俗学与欧洲的民俗学定位为位于同一舞台之上，并认为应该参考欧洲的各种民俗学研究的。在此时期前后，英国的贝尔林·古尔德（Baring Gould）的《关于民俗学》（1930）、法国的热内普的《民俗学入门》（1932）、芬兰的科隆的《民俗学方法论》（1940）、法国的山狄夫的《民俗学概说》（1944）等，多种欧洲的民俗学概论书被翻译出版，也说明了这一点。

但是，参考海外的民俗学的倾向，在1945年战败后重新出发的民俗学中却消失了，无论是成为日本民俗学会机关刊物的《民间传承》，还是新创刊的《日本民俗学》，都几乎不再关心海外的民俗学，无论是对动向的报道还是论文，都可以说是完全没有了。战后日本民俗学反倒变成了"锁国的民俗学"，堪称讽刺。打破这种状况的行动，直到20世纪末才开始出现。

三、日本民俗学的特色

由上述过程可见，日本民俗学可以说毫无疑问是世界民俗学的一部分。尽管如此，却并不相同。不仅是日本，世界各地的民俗学都各有其个性，展现出不同的风貌。尤其是，日本民俗学几乎是由柳田国男个人的努力开拓而来，是在柳田的思想和认识紧密关联之下形成的。柳田开拓民俗学的过程中，在学习欧洲的民俗学的同时，从日本近世的国学也得到了很大启发。柳田在1935年刊行的《乡土生活研究法》中"我国乡土研究的沿革"的第一项"此种学风的萌芽",就是以本居宣长《玉胜间》中著名的一节"古态雅意多存诸乡鄙,非止言词,万般皆然"开头(柳田国男《乡土生活研究法》,筑摩文库版《柳田国男全集》28卷所收)。正如柳田本人将自己的学问称为"新国学"那样,他是将其定位为继承国学系谱的学问的。这一点为柳田的,也就是日本的民俗学赋予了很大的特色。

在这里,笔者打算就日本民俗学的重要特质作三点阐述。

(一)以语言为窗口的比较研究

日本民俗学很重视语言,在调查民俗事象的时候,一定会对指示事象的词语进行确认并记录下来。这种情况下所记录的语言,是保有这一民俗的人们所使用的语言,是在地方日常使用的语汇。民俗学所要把握的,不是记载在《国语辞典》里那样,表示事象的一般性的,或者说是标准的语汇,而是将指示事象、在地方使用的语言称作"民俗语汇"。日本民俗学是将民俗事项和民俗语汇同时进行把握的。

从事民俗学的研究者用片假名记录民俗语汇,在研究时,也会在文中用片假名作为民俗语汇的表记。这样做是为了排除汉字的支配力。在日常生活中,日语词汇大部分都有对应汉字,人们通过汉字的意义去理解词汇。与此相对地,民俗学避开汉字的约束,不将语汇与汉字相对应,而是用片假名表记。汉字的意义以从中国传来的意义为基础,同一汉字无论在哪里都被理解为同样的意义。与此相对,被作为民俗语汇加以把握的词汇,是其各自被使用的地方的表现,有其个性。民俗语汇因地而异,因区域而异。也就是说,这些是不受汉字束缚的大和语言的各种表现。

柳田国男仅在《民间传承论》中提到过一次的重出立证法,是比较研究的方法,但它不是科学上普遍通用的比较研究,而是将比较的结果作为变迁的过程展现出来的比较研究法。这也是柳田在弟子面前举办专门讲座时,干脆称之为"重出立证法"的原因。1937年东北大学集中讲义的参加者曾经写到过,柳田当时在大学的讲座中也强调了重出立证法。对结果会构成变迁的比较研究,柳田并没有将其作为方法加以说明,但实际上是以搜集各地的民俗语汇进行研究的方式实施的。这是以各地民俗语汇的差异体现历史这一认识为基础的研究方法。

这是在环视整个世界都找不到第二例的研究方法。以被称为民俗语汇的语言作为窗口进行比较，这必然是在同一语言内部进行的比较。它是以同一语言内部的大量地方差异以民俗语汇的形式表现出来为前提的。其理解是，虽然日本列岛使用同样的日语进行对话，但存在很大的地方差异，而这个地方差异体现了变迁过程。以比较为目的的民俗语汇收集，在同一语言内部进行。这就是一国民俗学。

（二）中心新、周边旧的地域差认识

在日本作为普通常识，存在着一种中央是先进地区，地方是后进地区的看法。新的事物在中央出现，逐渐变化，变化速度快。与此相对的，地方则保存着自古以来的事物，变化速度慢。在远离中央的地方，可能存在古老的、罕见的事物，这种想法在日常生活的交谈中也会登场。古老、缓慢、落后、朴素、野鄙等，有很多词语在谈论远离中央的地方时，又或是在谈论山间或偏远海岛时被毫无根据地使用。

这样的看法，有可能是随着近世的参勤交代、社寺参诣、商品流通兴盛起来，人们开始知道各地生活的差异以后才出现的。旅行往来使人们对日本列岛内的地域差异产生了经验性的认识。近世的文人通过旅途中观察到的现象获得了中央新、地方旧的认识，开始将这些认识表达出来。比较早的例子，有西川如见在《町人囊》（1719）中明言："据闻神代遗风到底是在边鄙之地遗留甚多。"荻生徂徕也表达过同样的看法，18世纪末写下旅行记《东游记》的橘南豁也写到过"诚然边国古风者也"，"凡事尚余昔日面影者，应在远离京都之乡野间"等。在差不多时期，正如前面曾经介绍过那样，本居宣长在《玉胜间》中，也写道："乡间尚存古言雅语"，"乡间尚有古技"。

将上述关于地域差的认识作为假说提出来，就是柳田国男的周圈论。正如他在《蜗牛考》（1927）中提出的那样，将蜗牛的方言名称的地域差画在地图上的话，以京都为中心向东西南北逐渐远离，都会出现其他叫法，以京都为中心用圆规画出几个同心圆，可以做出越是位于外侧的同心圆上的名称越是古老，越是内侧的名称越新的解释。他认为，那是因为在中心出现的新名称向四面八方传播，由于传播需要时间，分布在外侧的名称是过去发生的名称终于传到当地的结果，而分布在内侧的则是比较近期发生和传布而来的结果。这是一个通过地域差可以究明时间差的假说。周圈论是关于可以看到在数个同心圆上分布的语汇的解释，但柳田曾表示，同样的情况也可以用在民俗上。只要是以民俗语汇为窗口的民俗学研究，这便是必然的结果。柳田国男监修、民俗学研究所编《民俗学辞典》（1951）的"方言周圈论"中作了以下说明：

> 这一主张，不仅适用于和语言现象有关的事物，对民俗诸种传承也同样适用。在新文化的中心地的周边，由文化性距离的远近，传承着同一种民俗，南北资料的一致、远隔地资料的一致，是民俗资料各个部类的共通现象。在此意义上，方言周圈论的背后是民间传承周圈论，不仅在方言研究方面具有划时代的意义，对民俗研究也多有启发作用。

新的形态在中央不断产生，作为它们从中央波状传播的结果，形成周圈状分布，周圈论就是从这个周圈状分布发现文化发生的先后，认为可以由此通过日本列岛的地域差重新建构历史。从地理分布获得时间，把握变迁的想法，应该可以说是日本民俗学的特色之一。当然，从地理分布对民俗进行考察的方法，作为芬兰学派的历史地理方法为世人所知，从这里得到过启发应该是确凿无疑的，但使其成为民俗学的基本假说的，是柳田。

（三）相较于叙事更重视行为的民俗学

正如此前多次介绍过的那样，日本民俗学是在向欧洲民俗学学习的同时，受到了日本近世文人，尤其是国学者的认识和知识的很大影响。以英国为代表，欧洲的民俗学无论是哪里，都是作为研究故事、传说、民谣、谚语等口头讲述的事象的学问成立的。这一点在美国又得到了加强。日本民俗学则是一直以来以节庆、仪礼、制度等作为研究对象，而这是从近世文人的民俗认识继承而来的。

　　文人们在地方的生活中发现了"神代的遗风"。西川如见在《町人囊》中的"据闻神代遗风到底是在边鄙之地遗留甚多"的叙述应该是较早的例子，这种认识又被国学者所继承。本居宣长在《玉胜间》中写到"乡间尚有古技"，并表示"婚丧之类，尤以乡野多有古趣。此等事物，吾欲踏足诸国，远赴海角，深入山岙，遍访其技，记之录之"，表达了希望在日本列岛全体进行调查和记录的想法。在这里他使用了"わざ"，也就是"技"一词，关注人们的行为，以葬礼和婚礼作为"技"的例子。显然，这是指向文中后来所说的民俗调查的。近世文人并没有将目光放在各地的故事和传说上，将它们与记纪神话联系起来加以把握。他们所关心的，是从各地现实中正在进行的仪礼和节庆等寻找古老的模样。这种关心，进入19世纪以后，通过以屋代弘贤为中心实施的《诸国风俗问状》中的131个项目呈现出来。其中问题的大半是关于岁时节日的，其余问题也几乎都是关于冠婚葬祭。也就是说，这些都是关于人们所举行的节庆和仪礼的问题。

　　柳田国男在开拓民俗学之时，是以上述那样的近世文人的认识为前提的。此外，还有进入明治时代以后开展起来的人类学的土俗、土俗调查、土俗会。土俗是对应Ethnography的词，以仪礼、节庆、制度为对象。1893年起每年召开的土俗会是设定主题的座谈会，其主题包括"日本各地新年的风俗"（第一回）、"各地的赠答风习"（第二回）、"地方年轻人一年中以之为娱乐的有什么"（第三回），如此以各地现实存在的事作为话题。这些都是以人们的行为作为对象的。恐怕柳田就是以这些作为前史，几乎没有任何怀疑地投入了行为的民俗和民俗学。

　　柳田在20世纪30年代确立了民俗学，其标志是《民间传承论》（1934）和《乡土生活研究法》（1935）这两部总论书的出版。在这两本书中，他将作为研究对象的民俗资料分为三大类，亦即在《民间传承论》中，进行了第一部为生活外形，第二部为生活解说，第三部为生活意识的设定。第二年的《乡土生活研究法》中，则分为第一部有形文化，第二部语言艺术，第三部心意现象。这个顺序，是调查者接近调查对象的顺序，第一部是可以通过观看采集的，也就是旅行者用眼睛观察就可以把握的事物。第二部是用耳朵采集的，亦即短时间停留的寄居者，可以通过用耳朵听把握的。第三步则是用心采集，亦即只有必须先进入住在民俗传承地的同乡人的心里才能把握的事物，这是最重要的目标。但是，实际上的民俗资料的说明，其压倒性多数可以归类为有形文化＝生活外形，相比之下，第二部、第三部所占比例非常小。

第一部的有形文化＝生活外形，与现在文化厅行政使用的有形民俗文化财的"有形"意义并不相同。如今，《文化财保护法》的有形民俗文化财的影响，波及到了博物馆资料，甚至是民俗学上的资料，所谓"有形资料"以物质性资料的意义被普及化。但是，柳田所说的有形文化的"有形"是指人类能够观察到的事物的意思，当然包括物质性的事物，但这只是其中一部分，多种多样的节庆、仪礼也是有形的。在《乡土生活研究法》中被作为有形文化加以解说的，有住宅、衣服、食物、资料获取方法、交通、劳动、村落、联合、家、亲属、婚姻、诞生、灾厄、岁时节日、神祭、占法·咒法、舞蹈、竞技、童戏和玩具，共计多达19项。第四项"资料获取方法"包含了所有的生产活动，内容庞大。这些都是以人们的行动呈现出来的。今天的民俗调查报告书的内容，应该可以说就是关于第一部的项目的调查记录。也就是说，日本民俗学是行为的民俗学，与主要以叙事为研究对象的欧美民俗学大为不同。

日本民俗学的这一特色，使民俗能够以图像、画像的形式加以把握。画在画上的民俗学，被拍成照片的民俗，这样的想法在欧美应该是不存在的。主要以行为为对象的日本民俗学很早就开始从绘画发现民俗，又或是以速写的方式描画下来。其后，随着照相机的普及，开始将民俗用照片记录下来，进而又通过电影、录像带进行影像化。此外，还将这些结果编辑成为资料集。以日本全国作为对象的，有战后由民俗学研究所编纂出版的1953年《岁时节日图说》和1955年《日本民俗图录》。前者是将全国各地的岁时节日以速写描绘下来结集而成，后者是将各种民俗以照片呈现出来。此外，将日本中世绘卷所描画的生活场面和事物截取出来编辑而成的《绘卷日本常民生活画典》由日本常民文化研究所在 1968 年刊行。后来，也有人将这些绘画和照片收集起来，编辑成为资料集或入门书。这种现象，在欧美等世界各地的民俗学是见不到的，是日本民俗学的特色。这种特色，是由于日本民俗学是行为的民俗学而带来的。

四、日本民俗学的变化

（一）相较于比较更重视个别研究

正如上述过程所示，日本民俗学是通过从日本列岛各地搜集而来的资料进行比较，从而究明其变迁过程。这不是普通意义上的比较研究，而是以获得变迁这一结果而进行的比较研究。进行这种比较研究，必须将日本列岛各地的资料集中起来。虽然以让任何人都可以利用为目的进行了资料的集中和出版，但仅仅做到了暗示这种研究的可能性而已。从日本列岛全域将资料搜集起来，对其进行比较，描绘变迁过程，这并非谁都能做到的事。能做到这一点的只有柳田国男，或是在他周围的直系弟子们。作为"野的学问"在自己的居住地进行民俗调查的人们，只是将调查结果报告给杂志而已，并不能对资料进行集中和比较。把握从整个日本的学界同仁送来的资料，加以整理、讨论的，只有以柳田国男为顶点的极少几个人。关于这个问题，很早就由折口信夫指出来过（折口信夫《在地方尝试过的民俗研究办法》，柳田国男编《日本民俗学研究》1935 年所收），山口麻太郎也曾经论述过（山口麻太郎《作为民俗资料的村落的性质》，《民间传承》4 卷 9 号，1939 年）。但是，以柳田为顶点的研究体制并没有发生变化，只有比较研究被认为是研究法的现象一直持续到 20 世纪 60 年代。

到 20 世纪 60 年代后半，对上述现象的检讨终于开始了，代替比较研究的方法在 20 世纪 70 年代开始被提倡，包括宫田登所提倡的地域民俗学，福田亚细男主张的个别分析法。在那之前，大学里进行的研究指导同样告诉学生进行比较研究就是民俗学。与此相对的，在个别地域对个别事例进行调查分析也开始被认为是民俗学，在毕业论文中进行这种形式的研究也变得普遍化起来。在研究杂志上刊载的研究论文，大多数也是对个别地方、个别地区的研究。从日本全国将资料收集上来进行比较研究的现象，几乎不见踪影。

（二）相较于变迁更重视现在

长久以来，日本民俗学都致力于通过对当下的民俗事象的比较研究去究明变迁。在初期，对民俗的兴趣是通过现在的碎片化的事象去还原其原本的形象。与此相对地，柳田国男排除了起源论，为民俗学赋予了究明变迁过程的使命。他认为，将各地的民俗事象搜集起来进行比较，就能够搞清楚变迁的过程。这个方法，就是重出立证法和方言周圈论。

凭借过去记录和留存下来的文字资料以究明过去，历史学对这种研究一直没有感觉到有任何问题。与此相对，以现在人们正在进行的事象去究明过去的变迁过程的民俗学，则一直有着巨大的矛盾。因为对现在的事象进行调查和把握，从这里能够得到的时间只有现在，不管如何扩大，最多不过是实践这些事象的人们所经验的过去而已。功能主义人类学曾经批评19世纪的进化主义人类学，认为其凭借现在的事象重新构成的长期变迁过程不过是虚构的历史，这一点对民俗学也同样适用。但是，对这个问题却长久以来没有进行检讨。

20世纪80年代之后，有些学者开始主张一种放弃究明历史的目标，而去究明民俗在当下的意义这种作为现在学的民俗学，这种观点的影响越来越大，"历史啊，再见"的声音变得大起来。高调宣称究明历史民俗学已经陈旧，已经失去存在意义的论调出现了。

这种主张，迫使一直以来几乎完全没有怀疑地究明变迁，建构历史的民俗学进行深刻的反省。通过当下的民俗事象去理解当下的研究，被纳入一直专注于究明变迁过程的民俗学之内，应该能让民俗学更加丰富。但是，这并不意味着将历史排除出民俗学之外。

（三）面向现实社会的问题

20世纪70年代以后，都市民俗学、地域民俗学、比较民俗学作为新的民俗学研究领域被提出，都是由宫田登提倡的，一度作为民俗学的新潮流被接纳，但其后都没有成为某种"学"。

其中都市民俗学带起了一阵流行的动向，其结果是获得了都市也可以成为民俗学关注对象的共通认识，使将都市的民俗当作研究对象变得理所当然，但并没有形成一个学问体系，最终仅停留在作为都市的民俗研究在学术上得到一定的位置而已。

20世纪90年代，民俗学被称为"日暮西山的民俗学"（山折哲雄《日暮西山的日本民俗学》，《民俗》第7号，1995年），柳田国男的种种问题受到指责，陷入困境。虽然缺少应对这些状况的行动，但在这种状态中，在现实中发生、使人们感到困苦的诸种事象开始成为民俗学的问题受到关注，并取得了一定的成果。

首先是关于环境的研究。在世界范围内，环境问题成为议论对象，在日本，自然破坏、环境破坏也成为很大的课题。作为应对，自然环境的存在方式、人们对环境的影响，以及作为基础的对环境的认识等进入研究范围，调查研究得到发展，推出了一些研究成果。野本宽一、篠原彻、鸟越皓之等成为研究的领头人。这三位研究者的环境研究的视角、方法是不同的，提出并讨论了多样的观点。

其次是关于疾病和医疗的研究。包括生命伦理的问题在内，医疗吸引了人们的注意，从民俗角度进行研究的倾向在进入21世纪前后开始增加。受到社会上关于脑死亡问题的议论的刺激，民俗性的生命观开始引人注目。进而，围绕着生育的诸种问题开始得到广泛讨论。与此前只有诞生礼仪成为关注对象相比，研究者的关注转向生产本身，开始作为生命观的问题得到讨论。关于死亡的研究，也开始从原本只以丧葬礼仪作为问题的研究，延伸到思考死亡本身的研究。

第三种得到大量关注的是灾害。尤其是在2011年3月11日发生的地震及其引发的海啸带来的极大破坏，以及福岛第一核电站熔化所导致的放射能污染，这些危机状态的广域性发生，给民俗一直传承下来的地方社会带来毁灭性的破坏。灾后的复旧、复兴成为课题，人们对应该如何进行展开讨论。

直面这次灾害，以灾害为对象的研究增加，看起来有构成一个民俗学研究领域的可能性。但是，虽然推出了不少关于文化财抢救的实践报告，真正的灾害研究和复旧、复兴研究则直到今天都还很少。现在的状况是，包括通过对作为民俗的灾害进行检讨以作为今后参考的研究，以民俗学的研究积累为基础，对受灾地复旧、复兴的方式提出建议的研究在内，都有待今后真正展开。

以这种现实社会发生的，使与之相关的人为之烦恼、困苦的诸种问题为对象的研究，正在陆续登场。这对实现以"经世济民"为目标的民俗学而言，是重要的课题。

五、今后的民俗学

以上，指出了日本民俗学最初是受到近世国学重大影响的同时，作为学问的成立是接触欧洲民俗学，对其进行学习的结果，论述了它在成立过程中的独立性，为日本民俗学带来与欧洲和其他地方的民俗学相异的巨大特色。其中，特别指出了日本民俗学的最大特色是行为的民俗学这一点。此外，就近半世纪的变化通过三个方面进行了介绍，并将其视为克服旧来的民俗学的弱点、缺点，指向直面现代社会的民俗学的动向。必须在这一动向的延长线上去思考今后的民俗学。下面，我打算指出其中几个方向。

（一）走向世界之中的民俗学

正如在最初已经指出过的那样，日本民俗学所应该走的道路，既不是直接从国外直接进口的民俗学，也不是"锁国的民俗学"。尤其是必须排除"锁国的民俗学"。必须将前提设定为日本民俗学是世界的民俗学的一部分，而不是孤立的存在。理所当然地，应该尝试和世界各地的民俗学相连携、共通，有时相竞争，又或是吸收。推进民俗学的国际化，努力让日本民俗学也在其中发挥一定的作用，在参考世界各地的民俗学的同时，向世界展示日本民俗学的特色并尝试普及。近年，以日本民俗学会为中心积极进行国际交流，但必须进一步推进。在交流中，积极地展示日本民俗学过去所获得的特色是必不可少的。

（二）取代一国民俗学的民俗学

日本民俗学是作为柳田国男所说的一国民俗学发展而来的。柳田虽然设想过一国民俗学发展下去会形成世界民俗学，但仅停留在没有具体说明的状态下就结束了。以日本列岛为单位的一国民俗学，其具体形式是重视民俗语汇，通过对其进行比较究明变迁。将研究的对象范围划定为使用日语的地域，就是理所当然的。也就是，仅在日本列岛进行研究，形成历史的单位也是日本列岛。以语言为窗口，产生如此狭隘的想法的比较研究，也许应该抛弃了。

此外，日本列岛内的中心、周边，曾是日本民俗学的一个常识。从地域差获得时间的时候，中央先进、地方落后的观点被视作基本认识，作为假说反映这种认识的就是周圈论。但是，周圈论是个有很多问题的假说（福田亚细男《方言周圈论和民俗学》，《日本民俗学方法序说》1984年所收）。将地域差以先进/后进或新/旧这样固定的标准进行解释，那么日本列岛社会就成为走过同样历史的均质性存在。换言之，这是一种对作为历史形成单位的日本列岛进行固化思考的假说。

今后的民俗学，应该抛弃将变迁过程作为结果进行描述的比较研究，而是应该以在个别地域、个别地方的个别研究作为其基本。首先在地域内把握和分析、定位民俗，在此基础上通过个别研究的成果进行比较，这样的方法转变应该是今后的方向。应该抛弃民俗学的研究必须从对日本各地的资料进行比较开始的想法。

做到这一点的前提，是不将历史形成的单位总是限定为固化的日本、日本列岛。正如很多研究已经说明过的那样，在日本列岛内，冲绳就曾是一个独立的历史形成单位，而这种情形今天仍在继续。阿伊努人也一直沿着独自的历史轨迹走来。同样地，日本列岛内各个地方构成产生民俗的历史形成单位的可能性，应该也有必要考虑。反过来，可以看到超过日本列岛的民俗的连续性，这一点也不应该忽视。旧有的比较民俗学，是站在以一国民俗学为前提，为了搞清楚日本的特征而与其他文化进行比较的立场上进行的，是一国民俗学基础上的比较民俗学。这样一种狭隘的、自我中心的比较民俗学必须加以否定。期待出现超越日本列岛的，以宽广地域作为历史形成单位加以把握的尝试。

（三）发展行为的民俗学

作为日本民俗学的一大特色，上文已经指出了日本民俗学是行为的民俗学。对这一在世界上独一无二的特色，今后也应该继续维持，进而加以发展。同时，必须向海外的民俗学同道展示，这个特色能够让民俗学有更多可能性。

行为的民俗学并非只面对特定对象的民俗学。正如日本民俗学已经开拓和积累的那样，这是以整个社会、文化作为对象的民俗学，人类作为行为所实践的所有事和物都可以成为民俗学研究的对象。但是，日本民俗学也一直没有自觉到自己是行为的民俗学这一点，对欧美的语言的民俗学所提出的民俗、民俗学的理解和方法，几乎原封不动地加以适应和解释。近年来模仿欧美民俗学，主张将它的新动向也在日本采用的论调，就是认为在日本也应该使用语言的民俗学的相关理论的观点。这种做法，是无法实现日本民俗学的进一步积累的。今后，应该寻求建构行为的民俗学的理论，同时为超越一国民俗学的世界民俗学的建立做出巨大贡献。

（四）从 methodology（方法）和 theory（原理）两方向建构理论

说到民俗学的方法论，只有柳田国男的说明，除此以外的理论性研究非常稀少的时代持续了很长时间。但是，当说到民俗学方法论，几乎都是关于资料的操作方法的。如民俗调查法、民俗资料的分类、研究方面的程序等，又或是比较的方法等，也就是作为 methodology 的民俗学方法论。一直以来被认为是民俗学方法论代表的比较研究法、重出立证法也是资料操作的方法关于著名的高莫比较法的图式，也只是通过要素的组合实现类型化，以及对类型的比较而已。

与此相对的，对民俗学所要究明的历史面貌、历史认识、民俗的性质等的整体形象的讨论，是不可或缺的，但除极少数例外，对作为原理的方法论，至今为止几乎没有进行过讨论。民俗学有一种避开抽象讨论的倾向。但是，为了民俗学的发展，在作为 methodology 的方法论之上，还必须对作为 theory 的方法论展开讨论。因为，方法论只有在对 methodology 和 theory 进行统一讨论的基础上，学问的存在方式才能够明确。

一直以来，民俗学都是通过现在发生的民俗事象把握过去的历史，而不是通过过去的事物究明过去。从一开始，它就是带着矛盾成立的。必须对为什么通过现在的民俗事象能够究明过去的历史、民俗学所究明的是什么样的历史加以讨论，同时结合这些问题去思考资料操作方法。这也是紧急课题。

（五）恢复"野之学问"的精神

最后必须说的，就是日本民俗学一直强调的，作为"在野之学"的民俗学这一特征。柳田国男没有依靠近代的大学等官方的机构，以自己的力量展开研究，由此产生的学问就是民俗学。同时，与很多依赖以文字记录的资料的学术研究相对的，是从各地的人们日常性使用的语言，也就是"野之语言"获取资料进行研究的学问。当说到民俗学是"野之学问"时，同时也包含在野外进行研究的意思，但一般情况下是指前者。作为在野之学的民俗学，由于柳田国男的努力，创刊和发行研究刊物，将各地对民俗抱有兴趣的人们组织起来，通过刊物和讲习会提高研究水平，建立了民俗学这一学科。及至战后，为了进一步加强组织性，展开共同研究，将自己的居所和藏书提供出来，设立了民俗学研究所。他的活动取得了巨大的成果，使民俗学为社会所认识。"野之学问"在这里到达顶峰，不久就走到了尽头，在第10年不得不解散。作为替代，1958年开始在大学进行研究教育，进入学院派民俗学的时代。

作为"野之学问"的民俗学的时代，参加者们带着自己的主体性问题意识接近民俗学。虽然有柳田国男的指导，但他们的研究课题是从自己的问题意识出发的，其研究方法虽然大框架是由柳田国男所示，但具体层面则是自由发挥。对自己的问题意识自由发挥地进行研究，这就是作为"野之学问"

的民俗学。各为主体地活动的人们集合起来，形成了民俗学的组织。

1958年，在东京教育大学和成城大学开始了民俗学的专业教育，民俗学也成为和其他学科一样，在大学进行教育，展开研究的学问。虽然为数不多，但这些专业的毕业生作为民俗学的主要力量开始了社会性活动。在这里，民俗学也和其他学科一样，在大学内以成熟的形式进行研究，问题意识和研究方法都遵从在研究体制内被沿袭下来的方式。民俗学变成了以学术为目的的研究，主体性的研究减少了。这就是学院派民俗学。

以大学为中心的各种机构所进行的教育和研究，无疑使民俗学得到了发展。但是，21世纪的民俗学，必须重新恢复"野之学问"的精神。在自己的问题和兴趣的基础上设定研究课题，以自己的方式展开研究，民俗学的参与者应该重新找回这样的勇气。带着将对自己生息于其中的社会的危机意识包含其中的问题意识，以有助于解决这些问题的研究为目的，这就是现代的"野之学问"。不是肯定性地理解制度和政策，而是带着批判性的精神去指出它的问题，这才是民俗学的任务。必须排除曾经存在的"民俗学的政治性"。

（附记：本稿源于作者2018年8月5日举办的"山阴民俗学会大会"上的演讲内容，载《山阴民俗研究》24号，2019年3月）。

日本歌谣研究

生产叙事歌的可能性

——其表现的广泛性

末次智 著 韩芯如 译*

摘 要 小野重朗所提倡的"生产叙事歌"这一概念不仅仅存在于水稻生产相关的歌谣中，还广泛存在于劳动歌、口传童谣，甚至散文式文体的传说故事等日本列岛的口头文学中。本文确认并讨论这些具体的表达方式，并论证"神授的、理想的、典型的生产过程"这一认识的形成，来源于神灵观念深厚的日本列岛南岛上的祭礼。

关键词 生产叙事；小野重朗；日本歌谣

一、序言

众所周知，被小野重朗所提倡的"生产叙事歌"这一概念虽诞生于日本列岛南岛的语言特性背景之下，但同时也兼备了适用于整个日本列岛文学（语言表达）的共通性。在讨论文化的地域特征的同时，追求其普遍性难

---

* 末次智，日本京都精华大学教授（日本京都 606-8588）；韩芯如，日本大阪大学大学院人间科学研究科硕士研究生（日本大阪 565-0871）。

免会产生矛盾之处，但只有与这些矛盾共存，地方和边境文化才能与中央对抗①，伊波普猷所提出的"冲绳学"就印证了这一点。小野重朗以日本列岛南岛为对象展开的一系列考察也同样是此类少有而可贵的尝试。

小野重朗将神在祭礼中教导人们如何纺线织布、制作衣服时唱的歌定义为"纺织叙事歌"②，又将神教人们种稻的歌定义为"稻作叙事歌"③，此后由于同样类型的叙事歌也在琉球群岛上出现于造船、建房子、制陶等场景中，小野重朗便将这种以生产相关的创世神话为主题的叙事歌总称为"生产叙事歌"④。不同于外间守善以传播生产过程和祈祷丰收等侧面为出发点的考察⑤，小野重朗的生产叙事歌理论的特色在于将生产过程的详细描绘归结为各类生产活动为内容的造物神话歌谣，认为生产叙事歌是"歌谣和神话等艺能最初的形态"。因此，生产叙事歌理论是一种起源论。古桥信孝从这一角度出发，进一步将其发展为了本州岛古代文学的解读方式。古桥信孝发表了一系列论文，通过假设（生产）叙事歌是古代文学（语言表达）的起源，从新的角度解读了《万叶集》的诗歌。⑥ 生产叙事（歌）这一概念能够被日本列岛古典文学的研究者广泛认识，也归功于古桥信孝将它发展成了具有普遍性的古代文学的解读方法。⑦

---

① 古橋信孝《小野重朗の南島文学論》（小野重朗先生傘寿記念論文集刊行委員編《南西日本の歴史と民俗》，第一書房，1990 年）中谈及对于地域文化的探讨时，表示"只有能够经得住学术和思想水平上的审视，地方战胜中央才具有意义"（第 278 页），并将小野的理论如此定义。
② 小野重朗：《紡織叙事歌考》，《沖縄文化》1962 年第 29 号，后收录于《南島の古歌謡》，ジャパン・パブリッシャーズ，1977 年。
③ 小野重朗：《稲の叙事詩》，《田唄研究》1971 年第 14 号，后收录于《南島の古歌謡》，ジャパン・パブリッシャーズ，1977 年。
④ 小野重朗：《生産叙事歌をめぐって》，《文学》1977 年 3 月号；后收录于《南島の古歌謡》，ジャパン・パブリッシャーズ，1977 年。
⑤ 外間守善編著：《南島文学》鑑賞日本古典文学第 25 巻，角川書店，1976 年，第 15 页。
⑥ 将古桥所著的体现生产叙事歌理论的重要论文按年代排序如下：《原神話への構想——神の話としての神話》，《解釈と鑑賞》1976 年第 544 号；《古代詩歌の方法史論 その 5》，《文学史研究》1977 年第 5 号；《古代歌謡論》，冬樹社，1982 年；《古代のうたの表現の論理——〈生産叙事〉からの読み》，《文学》1983 年第 51 巻 5 号；《古代のうたの表現の論理——〈巡行叙事〉からの読み》，《文学》1984 年第 52 巻 2 号；《万葉集を読みなおす》，日本放送出版協会，1985 年；《古代和歌の発生》，東京大学出版会，1988 年。
⑦ 参照末次智：《南島神話学の可能性》，《琉球の王権と神話》，第一書房，1995 年。

在琉球群岛的水稻生产叙事歌中，常有叙述造物主和祝女①开始劳作的段落，这便是小野重朗构思的基础。然而需要注意的是，水稻生产叙事歌的资料不仅来自琉球群岛，本州岛的广岛县神石郡丰松村的《田植歌略本》也同样作为资料被引用。②纺织叙事歌也一样，本州岛冈山的《苎麻十七叙事歌》在其概念设定上起到了重要的作用。③虽然由于琉球群岛上村落共同体的祭祀仪式和歌谣内容之间联系紧密，在探讨生产叙事歌时琉球群岛是绕不开的存在，但生产叙事歌作为一种歌谣的形式，从一开始就是以整个日本列岛为对象的。例如，在小野重朗引用的生产叙事歌之外，本州岛还有这样的一首水稻生产叙事歌——三重县的舞踊歌《世间》。

  神代时候，天照大神开辟田地，后来五谷兴荣。希望今年也能安稳度过夏季，处处五谷丰登，世间安乐，七把稻穗出米五斗五升，在尊贵的神之教导下，用大米制成酒，各国的船只扬起风帆向伊势港开来。百来艘船载着大米，百来艘船载着酒，先由信众献给神宫。神与国君的身旁又是千秋乐又是万岁乐，歌唱的快乐无边无际。④

这首歌虽然对生产过程的描述简略，但却是一首典型的歌唱天照大神创造稻作的水稻生产叙事歌。重要的一点是，在神的教导下种出的大米和制成的酒又成了供奉天照大神的供品，这也对应了琉球半岛的水稻生产叙事歌会将祭祀仪式上的水稻当成供品献给神作为结尾。

以日本列岛歌谣史的视点对所有的歌谣进行考察时，就会发现各种诸如此类的典型叙述。⑤本篇文章将通过这些例子考察生产叙事歌的传统是如何

---

① 古代琉球国的琉球神道教女祭司。——译者
② 小野重朗：《南島の古歌謡》，ジャパン・パブリッシャーズ，1977年，第89—90页。
③ 小野重朗：《南島の古歌謡》，ジャパン・パブリッシャーズ，1977年，第72—74页。
④ 高野辰之编：《日本歌謡集成 第一二巻 近世編》，東京堂，1960年，第262页。
⑤ 岛村幸一对琉球群岛的生产叙事歌展开过详细的论述。详见岛村幸一：《琉球弧の「生産叙事」歌謡》，载小野重朗先生傘寿記念論文集刊行委員编：《南西日本の歴史と民俗》，第一書房，1990年；《琉球弧における〈生産叙事〉表現の諸相》，《沖縄文化研究》1991年第17号。此外，限定于八重山诸岛的研究课参照狩俣恵一：《八重山諸島の物語の歌謡》，《沖縄文化》1991年第26卷2号。

贯穿在日本列岛的歌谣中的。

二、劳动歌和生产叙事歌

生产叙事歌的形态特征之一便是将在神的传授下习得的生产过程进行详细描绘，小野重朗和外间守善都曾提出其目的在于实现生产过程的传播。的确，在劳动歌中有如下详细表现生产过程的事例。这是富山县东砺波郡上平村的《纺线歌》中的一段。

锅灶两口如夫妻，以细沙和石子砌成，将墙壁刷得锃亮，烟囱里浓浓黑烟冲天直上，锅里倒上清水，悄悄拿过来龙型装置，将石头洗净的双宫茧，一摸硬度便知是小石丸，煮开的水中挑选出三四粒，牵出丝线头一根不剩地穿过小孔，挂在一摇一摆的钩子上，缠在线框上，线框是六根桧木制成，线一圈圈绕上去，检查粗细，要听转四百圈时响的铃声，十一、二个人验货，一齐往左扭过去，四五寸的竹管，嘭地拔出来，法螺贝。

据报告者黑坂富治所说，当时上平村的"谷之户"新建了纺纱工厂，这是在那里工作的妇女们口中传唱的歌。这首歌的旋律沿袭了久为传唱的《伊势音头》，在此基础上新填了词，到现代已经成为了三味线伴奏的近代民谣。而且会唱这首歌的人还表示是从前辈那里听来记住的[①]，也就是说这首歌原本是纺织工作时唱的歌，是在共同参与工作的妇女们之间口口相传继承下来的。由于歌词是新填的，因此这首歌很容易被当成新写的劳动歌，得以被传唱是由于工作上的必须性，但谷川健一举出了传唱《芭蕉叙事歌》的奄美地区的例子，提出长田须磨并没有从歌中学习纺织，从而对生产叙事歌的技术传播作用表示了否定态度。[②] 纺纱工厂理应实现了生产上的分工，因此歌唱

[①] 歌词和解说均来源于黑坂富治：《富山県の民謡》，北日本新聞社出版部，1979 年，第 72—73 页。
[②] 谷川健一：《南島文学発生論》，思潮社，1991 年，第 162—163 页。

整个生产过程的《纺线歌》并没有技术传播上的必要性，其背景更应是具有祈祷的意义。

以下歌词是流传于长野县小县郡的艺能歌曲中的一部分。

> 美浓国善于剥棉花，尾张国善长抽丝，人们聚集到一起，用线建起四方的屋子，扔进二十五口大锅中，七天七夜剥完棉花，七天七夜抽完丝，搬来六十六台纺锤，泰满国的长者之女，姐妹会织绫也善织缎，制成帘子一次献给土地神，一次献给熊野三社权现菩萨，一次献给伊势内外两宫。①

这首歌也被叫作《养蚕歌》，是一首初春时节的卖艺歌。小野重朗也将鹿儿岛县种岛一些零散的歌归纳为纺织叙事歌。② 想必是因为在卖艺歌中很少出现纺纱的生产叙事歌③，所以含有生产叙事情节的歌曲就会被称作《养蚕歌》吧。对于这一点，安西胜认为其影响来自于熊野巫女在各处传播蚕的由来。④ 在这一点上，重要的是生产出的丝绸会献给熊野和伊势的神。如安西胜所说养蚕是一种相当于祭神的行为⑤，是因为自古丝绸就与稻米一样被视作献给神灵的神圣产物。也可以反过来说，因为丝绸的生产过程是由神所教授的，因此它会被视为神圣的物品。如古桥信孝所说，它作为语言表现成为一种类型的话，它所描绘的（神授的）生产过程便是最为完美的。⑥ 引用小野

---

① 小山真夫：《小県郡民謡集》，郷土研究社，1917年，第98—100页。同样的描写还可见于高野辰之编：《日本歌謡集成 第一二巻 近世編》，東京堂，1960年，第203—204页。
② 小野重朗：《南島の古歌謡》，ジャパン・パブリッシャーズ，1977年，第78—80页。此外，仲井幸二郎・丸山忍・三隅治男编：《日本民謡辞典》，東京堂出版，1972年，第280—281页；小寺融吉：《郷土民謡舞踊辞典》，名著刊行会，1974年，第166、382页均可参照。
③ 有关卖艺歌可参照小島瓔禮编：《人・他界・馬》，東京美術，1991年，第99—119页。
④ 安西勝：《蚕神信仰論（一）》，《國學院雜誌》1961年第62卷1号，第42页。
⑤ 安西勝：《蚕神信仰論（二）》，《國學院雜誌》1961年第62卷2・3合并号，第85页。
⑥ 参照古橋信孝：《古代和歌の発生》，東京大学出版会，1988年，第89页。例如，在福岛县南会津，为客人端上荞麦面时，会将荞麦面的生产叙事歌作为"赞歌"来唱（新島繁：《蕎麦の唄》，東京美術，1968年，第156—157页）。

重朗的观点来说，以祭神为前提的生产叙事歌本身就得以独立存在，因此通过歌唱生产叙事歌就能回归到生产物存在于祭神仪式现场的状态，即神将其给予众人时的神圣状态。

这样一看，新写的劳动歌中详细地描写了生产过程的理由也水落石出——生产过程的描绘延续了生产叙事歌的传统，即保证了丝绸这一生产物的神圣。

三、口传童谣与生产叙事歌

歌谣的一个重要分类便是口传童谣，小寺玉晁所编的《尾张童游集》（1813年）是一部早期的童谣合集。在附录"朝冈梅雨竹斋手录摇篮曲手球歌"中，记录了这样的歌词。

> 熊野道者肩披麻衣，肩上和衣角缝着梅枝，里面缝着拱桥，桥边茶屋的女子两手灵巧，这两手灵巧的女子都做什么呢，一岁时喝奶，两岁时断奶，三岁时吃饭，四岁会沏茶，五岁会绕线，六岁会用白布织机，七岁会用滚轴机，八岁会用丝绸织机，九岁会纺绫罗绸缎，十岁生小孩，孩子丢在了天岩户，在天岩户干什么呢，捣麦捣粟，攥在手里的九颗豆子，九颗豆子成熟后收成有四石八斗。[①]

从熊野道者服装的描写引出茶屋女子擅长缝纫（双手灵巧），女子随着年龄增长缝纫技术也渐渐长进的过程被描绘了出来。此类描写在本州岛全域数量众多。[②] 浅野健二指出通常在数数歌中会采用押韵的方式，如"一（hitotsu）"对应音节"hi"，"二（futatsu）"对应音节"fu"，但也有一种数

---

① 真鍋昌弘：《わらべうた》，桜楓社，1976年，第46—47页；参照尾原昭男编：《近世童謡童遊集》，日本わらべ歌全集27，柳原書店，1991年，第217页。
② 真鍋昌弘：《わらべうた》，桜楓社，1976年，第46—68页；志田延義：《続日本歌謡圏史》，至文堂，1968年，第224—230页。此外多数歌谣集中均有记载，在此因篇幅省略。

数歌是将某一过程按顺序歌唱，例如上述的数数歌，浅野健二将其定义为"一类女子成长的歌谣"（"成女谣"）①。自不必说，生产叙事歌是一种将生产过程按顺序歌唱的歌谣。五岁会绕线（在要插入织布机梭中的轴上绕上纺织纬纱的线），六岁会用白布织机，七岁会用滚轴机（用来纺织真田带等物品的小型织布机），八岁会用丝绸织机，九岁会纺绫罗锦缎，这一数数歌将女子随着年龄的增长渐渐掌握了精湛纺织技术的这一过程唱了出来。仅仅通过这一个例子，或许还会认为它只是将不同种类的纺织机罗列出来，并不能称作表现生产叙事过程的生产叙事歌，但看了下面的例子就一定能发现生产叙事歌在描写上的共通性。

　　○四岁拧木钉，五岁会抽丝，六岁初织麻。（长野·西筑摩郡《日本歌谣类聚》）
　　○五岁会抽丝，六岁会绕线，七岁初织布，八岁会纺纱。（福岛·小浜地区《民俗艺术》第2卷2号）②

纺织技术的学习过程也在于能学会多少纺织的技能，因此就会表现为生产过程的描写。然而，因为有前章中出现的布料（丝绸）生产叙事歌的存在，成女谣也是在继承生产叙事歌的传统。

这种数数歌的另一个重要的点在于纺织主体为少女。

　　早起看见小田原的屋中，七岁小女在织布。③

这里的数数歌从作用上来看属于手球歌，唱歌的人也可以断定为少女。因此，上述数数歌也含有警示意味。然而这与将纺织人设定为十七八岁（女

---

① 浅野健二：《新講わらべ唄風土記》，柳原書店，1988年，第52—53页。"成女谣"这一名称参照真鍋昌弘：《わらべうた》，桜楓社，1976年，第55页。
② 真鍋昌弘：《わらべうた》，桜楓社，1976年，第47—48页。
③ 半澤敏郎：《童遊文化史》第4卷，東京書籍，1980年，第366—367页。

性）的《苎歌十七叙事歌》也有着共通之处。生产叙事歌中的生产主体问题会在下章中详细说明。

上文中提到的传统童谣在形态上属于数数歌，作用上属于手球歌，但真锅昌弘也指出福井县的摇篮曲中出现了生产叙事歌特有的生产过程的描写。① 以下便是一例：

> 睡吧睡吧，已经累了吧，……，明天来京都在房子周围洒下种子吧，要是长出了三根麻叶，长到一寸就施肥，长到两寸就撒灰，长到三寸就间苗，长到五寸就割下，剪碎纺纱放在纺机上，咯噔咯噔来织布，染坊呀染坊，给我染了这布吧，染什么颜色好呢，都染成红色吧，明天这个孩子就要拜神啦，在灯笼的光照下梳起头发，刷上白粉涂上口红，从肩头到衣角都是鲜红的花纹。②

从"长到一寸……"开始，歌词按顺序描写了产麻的过程，与《苎麻十七叙事歌》相同。重要的是制成的麻布会成为孩子去参拜神社时穿的衣服。谷川健一在对小野重朗的生产叙事歌理论进行批判时，对于《芭蕉叙事歌》和《苎麻十七叙事歌》做出了如下解释。

> 巫女和妹神缝制麻布和芭蕉布并不是为了人，而是以神为对象的。少女们缝制神衣的景象才是这首歌原本的核心。③

小野重朗认为神是生产的主体，而谷川健一却认为"缝制神衣的少女"

---

① 真鍋昌弘：《田植草紙歌謡全考注》，桜楓社，1974年，第269页。
② 北原白秋编：《日本伝承童謡集成第一巻子守唄编》，1974年，第156—157页。
③ 谷川健一：《南島文学発生論》，思潮社，1991年，第150页。谷川健一将已经被一般化的生产叙事歌分为Yuta（冲绳诸岛和奄美群岛上的灵媒师）所管理的纺织叙事歌和Noro（琉球神道中的女祭司）所管理的稻作叙事歌，从本质上进行了批判。其批判从个别上来说是妥当的，但生产叙事歌在被设定为歌谣、神话、艺能的最初形式时就已经是研究者内部的概念，因此其可能性存在于一般性之中，古桥的生产叙事（歌）理论将其发展了起来。此外，创世的农耕叙事歌也出现在朝鲜半岛，所以生产叙事歌被设定为创世神话是有效的。

才是。虽然这是基于歌曲描写做出的解释，但如果将作为巫女的少女视作人与神的媒介，由于神会附体到巫女身上而将巫女视作神本身的话，这两个解释就可以同时成立，一个是为了神织布的巫女，一个是为了人教授生产过程的神。无论是缝制芭蕉布的守护神还是纺麻的十七岁少女，都背负了神和人的两层含义。因此，身穿神衣的是神，也是作为神存在的少女。这样一来，传统童谣中穿着缝出的衣服的少女也是神，之所以穿着制成的衣服去神社参拜也是因为这本身就是用来献给神的衣服。本应是神的行为在祭神的场景中变成了代表神的巫女的行为，这就是歌谣的描写从神，即祭礼式的要素中脱离出来，通过描写本身得以独立存在而带来的变化。

　　柳田国男认为前章中的手球歌里对于熊野道者麻衣上花纹的描写"梅枝拱桥"指的是旅途中女子的身姿。① 真锅昌弘则验证了整个本州岛范围内多有相似的描写，在此基础上指出这是时髦女子的服装，而近畿地区以西的地域将其视为熊野道者单衣上的花纹传唱。② 它被认为是成年女子的衣服花纹这一点非常重要。这件衣服是由后文的生产过程中纺织出的麻布制成的。③

　　在详细描绘了芭蕉布生产过程的奄美歌谣《芭蕉叙事歌》中，有以这样的描写作为结尾的段落。

　　　　……拉纺车 /……纺出美丽的布 /……拉纺车 /……纺出美丽的芭蕉布 /……用生蓝染 /……染出美丽的布 /……用新的芭蕉布 /……织出基础纹样 /……给那个可爱的孩子穿上 /……将袖子挥起 ④
　　　（田畑英胜采集资料）

　　在这段中，用美丽的芭蕉布制成的衣服给了可爱的人穿。原本的描绘中

---

① 柳田国男：《民谣覚書》，《定本柳田国男集》第 17 卷，筑摩书房，1940 年。
② 真鍋昌弘：《わらべうた》，樱枫社，1976 年，第 54—61 页。
③ 麻的咒术意义也十分重要（例如，谷川健一编：《太陽と月》日本民俗文化大系第 2 卷，小学館，1978 年，第 213—214 页）。
④ 田畑英勝·亀井勝信·外間守善编：《南島歌謡大成 V 奄美篇》，角川书店，1979 年，第 198—199 页。

是献给神的衣服①，这时已经演变为了恋人的衣服。

　　这样看来，前章中的手球歌和摇篮曲都与生产叙事歌有着密不可分的关系。不仅仅是对于生产过程的描绘，其背景也充斥着与生产叙事歌相同的观念。生产叙事歌的传统也同样延续在了传统童谣中。

四、传说故事与生产叙事歌

　　前文中验证了日本的歌谣描写中贯穿着生产叙事歌的传统，本章将超越歌谣领域，探讨散文式的语言表达形式——传说故事中是怎样流淌着生产叙事歌的传统的。

　　这是鸟取县西伯郡中山町住吉的円冈邦枝所讲述的《白鹭谷的红醋仓》。

　　从前一个伐木工干活干得入迷，结果迷了路。他沿着光亮找到了一个大房子，房子里出来了一位年轻女人，让他在这里住下。因为招待得十分周到，伐木工在这里停留了一天又一天。有一天，女人去了城里，要留男人独自在家，女人对伐木工说道：

　　　　"你可以打开家里的任何地方看，但那里的四个仓库，你只可以打开三个，第四个仓库绝对不要打开。"说完就出门了。伐木工想着既然可以打开三个，那就打开三个看看吧。他打开第一个仓库向里看去，满眼都是割完稻子后春天里的田野风景。了不起，仓库里居然有一整个田园。他又打开了第二个仓库，里面是漂亮得不得了的秋田。第三个仓库里有什么呢？他打开第三个，映入眼帘的是忙着种田的人们。"世上还有这种怪事"，他想道。这下三个仓库都已经看过了，但那个人说了不要看第四个仓库，怎么办呢？越是说不要看，就越是想看，男人悄悄把仓库的门打开一条细缝，里面美丽的金浪摇曳着，稻子所及之处全是金

---

① 参照山下欣一采集的 Yuta 的《ばしゃながね》，田畑英勝・亀井勝信・外間守善编：《南島歌謡大成Ⅴ 奄美篇》，角川書店，1979年，第206—207页。

色的浪花摇曳。啊，这太美了，他看得入了迷，偶然一回头才发现那人已经从城里回来站在了自己的身后，脸上写着悲伤。

女人说："我明明已经叮嘱过你，但你还是打开了。"说完就悲伤地化作了一只白鹭飞走了。男人向四周看去，借住的房子消失了，自己只是站在杂草丛生的山里。好不容易找到了回家的路，回去后才知道他走了哪是四天，而是四年，自己的墓都建成了，法事也都做完了。①

这是世界著名的传说故事"不能看的房间"系列的一个变体。这个系列的日本变体中常有的描述有被告知不能看的仓库和房间，和依次打开抽屉看见春天到冬天的景色。② 其中，还有如上文中所见的水稻育成过程的描写，此处是以水稻的成长来表现季节的变换。这部分可以整理成如下形式。

第一个仓库——春日田园 / 第二个仓库——秧田 / 第三个仓库——耕田 / 第四个仓库——成熟的水稻（金浪）

这样一来就能清楚地看出，故事依次展现了水稻的成长过程，与水稻生产叙事歌有着共通性。只是对于生产过程的描绘较为粗略，不能明确区分是水稻的成长过程还是生产过程。小野重朗将描绘水稻成长的"水稻叙事歌"和描绘水稻生产过程的"稻作叙事歌"做了区分，认为存在着水稻叙事歌→稻作叙事歌（水稻的生产叙事歌）的转变。③ 然而，在前述引用的"稻米叙事歌"例子中也包含了划田、取穗等水稻栽培劳动相关的内容，因此两者的区分也是有难度的④，但由于上文中包含着"秧田""耕田"等劳动，因此可以认定为这属于描绘生产过程的作品，即生产叙事歌。

---

① 福田晃・宮岡薫・宮岡洋子编：《伯耆の昔話》日本の昔話一五，日本放送出版協会，1976 年，第 152—155 页。
② 例如，在土橋里木《甲州昔話》（岩崎美術社，1975 年）收录的《山の一軒家》（第 85—86 页）中出现了抽屉。関敬吾编《日本昔話大成第三巻本格昔話三》（角川書店，1978 年）将此类变体收集成了《鶯の内裏》《見るなの座敷》系列（第 289—298 页）。
③ 小野重朗：《南島の古歌謡》，ジャパン・パブリッシャーズ，1977 年，第 96 页。
④ 水稻叙事歌这一概念之所以有效，是因为它以典型的方式出现在了古代大和语言（文字）作品《古事記》中（参照末次智：《王の初穂儀礼と創世神話（おもろ）》(1988)《琉球の王権と神話》，第一書房，1995 年）。

关于生产叙事歌与散文的关系，古桥信孝指出，《保元物语》中为朝射箭的场景中详细描述了箭的制作方法和为朝的武装姿态，其背景也有生产叙事歌的存在。[①] 通过详细描述箭的生产过程和形态来赞美射箭的武士之英勇也沿袭了生产叙事歌的特征。上述故事就是一个很好的例子，生产叙事歌中对于生产过程的"描绘"对应了依次打开仓库的"内容"，这展现了生产叙事歌的传统如何在散文中得以发挥。生产叙事歌的传统不仅仅出现在歌谣的描写中，也流淌在散文的描写中。

"不能看的房间"系列的日本传统故事中，相当于房间的除了仓库还有衣柜、橱柜等，其中会出现一两个月或四季的理想景象，还有丰饶的米仓和金库，而这些都会因为犯了"不能看"的禁忌而消失。此外，这一系列的故事也被称为"黄莺的净土"，由此能看出禁忌的背后是彼岸（净土）的丰饶世界[②]（所以只能从此岸窥视）。这个例子中出现的生产叙事歌式的描写正对应了生产叙事歌的描写是由彼岸这一外部世界（到来的神灵）所带来的。在此岸不能实现的理想状态只能从彼岸被赋予。

五、结语

生产叙事歌这一概念是在歌谣研究中通过整理具有普遍性的典型描写时被发现的。真锅昌弘认为，"在歌唱中列举、罗列对于人们的生活有用之物的制造过程"的歌谣从形态上可以看作是列举式的歌谣。[③] 也就是说，从形态上看，生产过程的描述在日本列岛的歌谣中广泛存在。这种超越了形态的生产叙事歌的理论根据就存在于对神所教授的理想的、典型的生产过程的描写之中。在现实中由于自然环境和人为环境因素，理想通常难以实现，因此理想化的生产只能在另外的世界（外部）才能够成立。此外，一旦共同体成

[①] 古橋他编：《日本文芸史第三巻中世》，河出書房新社，1987年，第26—27页。
[②] 稲田和子：《見るなの座敷》(1977)，稲田浩二他编：《日本昔話事典》，弘文堂，1977年，第902—903页。
[③] 真鍋昌弘：《田植草紙歌謡全考注》，桜楓社，1974年，第269页。

员理想中的生产过程在外部得以实现，这就成为了一种规范，这个规范自身其实是共同体成员的幻想这一事实被掩盖，而作为被神赋予的不言自明的事情而存在。即使没有出现神的字眼，生产叙事歌的理想生产过程也一定是从外部获得的。[1] 生产叙事歌的背景就是这种人们普遍的思维模式。想必小野重朗在琉球群岛的祭礼中听到生产叙事歌被唱起时，一定感受到了歌曲背后强烈的神的存在吧。这也是琉球群岛共同体的凝聚力。比如说，最开始引用的本州岛的舞踊歌《世间》也是从表面看来就十分典型的生产叙事歌，但很难仅通过它就发展出生产叙事歌的概念。

正是因为生产叙事歌的背景是这种人类的基本思考模式，生产叙事歌应当被载入日本列岛歌谣史的第一页。因此，生产叙事歌的传统超越了歌谣领域贯穿在各种各样的表现形式中。这就是生产叙事歌理论之可能性的中心所在。

---

[1] 关于神的自我指示（言及）的特性，可参照大澤真幸《身体の比較社会学Ⅰ》（勁草書房，1990年）的第二章第五节。

日本南岛的生产叙事歌谣
——表现形式和文化模式之间

牛承彪[*]

摘　要　20世纪60年代以后，日本的学界兴起了对叙述生产过程这一表现形式的歌谣进行研究的热潮，虽然涵盖范围仅限于冲绳等南岛和西日本地域，只涉及了歌谣和古典文学的部分领域，持续时间也比较短暂，但出现了"生产叙事歌"的设想，且这一设想经历了"神授""神话""叙事诗"变迁的推论。这些变迁虽然还需要更多的材料来证明和补充，但是引发了人们对歌谣和神话等研究对象在形态和功能方面的思考。本文将介绍这个学说的脉络和详细内容，在此基础上分析"生产叙事歌谣"生态中的特点和构造，并进一步考察"生产叙事"作为一种表现形式在文化模式中存在的普遍性。

关键词　歌谣；生产叙事；行为文化；文化模式

序言

　　人们对歌唱以及音乐起源重新产生兴趣，是随着音乐与人类大脑之间关

---

[*] 日本关西外国语大学英语国际学部教授（日本大阪 573-1008）。

系的研究有了新的进展而高涨起来的。① 据乔捷夫·乔达尼介绍，21 世纪最初十年出版的相关书籍和论文相当于整个 20 世纪的总和。参加这一领域研究的，除了音乐学者以外，还有心理学者、语言学者、考古学者、进化生物学者、灵长类学者、人类学者、哲学者、神经学者。乔捷夫根据动物在地面上活动时沉默，在树木上活动时喧闹的现象推测，人类的祖先在树木之上生活时就应该和其他动物一样开始了歌唱。其他动物转移到地面活动时停止了歌唱，只有人类仍然没有放弃歌唱的行为。② 人类为什么需要歌唱？歌唱在人类的进化中发挥了什么样的作用？虽然目前的研究有了一定的成果，但要解答所有问题恐怕还需要更加漫长的考察和研究。

　　对于歌唱的初始和功能，学者们做了各种推测。例如，母子之间的交流，为了魅惑异性，为使族群团结，仅仅为了愉悦等等。③ 乔捷夫也揭示了人类开始在地面生活后歌唱的两个场景：一个是为克服恐惧，威慑其他的存在而歌唱；另一个是为在战争中激发斗志，达到亢奋状态而歌唱。歌唱本身（歌词和旋律）是一种什么样的形态呢？据乔捷夫介绍，从人类的进化历史来看，存在过"信号语言（sign language）"（亦称肢体语言，即动作、手势、表情、声音等）、"音程语言（whistled language）"（未分节的语言，亦称"口笛语言"）和"音调语言（tone language）"（分节后的语言——目前地球上存在的语言均属音调语言）。④ 对于歌唱（歌谣）的形态，我们也可以做同样的推测，即早期的歌唱也采用了信号语言（声音和肢体动作为一体）。其后，使用了未分节的语言。最后，才是使用分节后的语言。如果将歌唱定义为"为表达一定含义发出的声音"的话，早期的"声音"既可称为歌谣也

---

① 人们歌唱或听音乐时在大脑相对应的区域呈现活跃状态。这个区域也是人类面临生死关头时才活跃的大脑皮层。
② ジョーゼフ・ジョルダーニア（Joseph Jordania）：《人間はなぜ歌うのか》，ARC アルク出版，2017 年，第 141—143 页。
③ ジョーゼフ・ジョルダーニア（Joseph Jordania）：《人間はなぜ歌うのか》，ARC アルク出版，2017 年，第 122 页。
④ ジョーゼフ・ジョルダーニア（Joseph Jordania）：《人間はなぜ歌うのか》，ARC アルク出版，2017 年，第 223—232 页。

可称为语言,即人类早期的歌谣应该处于与语言未分化的状态,一次的歌唱行为可能只传达了一个信息(相当于后来的单个的词、句的量)。和其他动物一样,早期的人类在不同的场景,应该使用了不同的旋律(长短、高低、节奏等),并伴以肢体语言辅助,以此来达到沟通的目的。

在人类社会生活中,歌谣和语言有着各自不同的进化和变迁的轨迹。现今,可以确定的是,歌谣的使用范围除了人类之间以外,还有人与神灵(想象中的各类存在——在此以"神灵"统称)之间,神灵和神灵之间。在实际的应用中,歌谣具备自己的功能,发挥着语言交流所不可替代的作用。这些歌谣在形态上有着怎样的发展变化,在人类社会生活中发挥着怎样的作用等等,成为人们关怀和探究的对象。

本文将要介绍的"生产叙事歌",便是在这种"关怀"下出现在了人们的视野中。在歌谣的发展历史中,可能存在过"生产叙事歌"这一形态(文体)的观点,已经逐渐为人们所接受。

一、"生产叙事歌"及其相关学说

详细描述农耕作物等生产过程的歌谣,主要分布在鹿儿岛以南的奄美、冲绳、八重山、宫古等岛屿(本文中沿用日本"南岛"一词来统称)。在日本本岛虽也有分布,但种类不多。

首先提及这种形式歌谣的是西部日本插秧歌研究者竹本弘夫,他详细分析了西部日本插秧歌中有关苎麻生产过程的歌谣,并将歌谣中叙述的生产内容与实际的生产过程进行了比较,指出了该类歌谣中包含的传承技艺的教育功能。[①]

至上世纪末,在南岛的各类祭祀、祈祷以及农耕礼仪中还传承着大量的歌谣。以外间守善为代表的南岛学者收集整理了南岛歌谣,并编辑出版了五

[①] 竹本弘夫:《田植歌謡における〈麻唄〉考》,田唄研究会编:《田唄研究》,名著出版,1986年,第11—17页。

卷歌谣集《南岛歌谣大成》（冲绳两卷、其他各一卷）。在歌谣集中，外间守善分别对冲绳、奄美、八重山、宫古的歌谣进行了解说，并将这些歌谣分为"咒祷性歌谣""叙事性歌谣""抒情性歌谣"三大类。在这个框架中将各岛屿的歌谣进行了比较，归纳了各岛的歌谣特征。由于南岛的歌谣呈现从较为原始的"祝词向歌谣过渡"的形态，因此成为考察歌谣的产生和变迁的珍贵资料。他还提出有若干个材料可以支持民俗学者折口信夫提出的"咒术→咒言→叙事诗"这个发展轨迹的成立。对于"咒祷性歌谣"和"叙事性歌谣"中存在的，描述生产过程的一系列歌谣，外间守善指出它们具有"凭依言灵的信仰，并采用幻视的方式进行表述，如此便会带来丰收"的信仰；具有"准确无误地传授生产过程"的性质。[①]

首次提出"生产叙事歌"这个概念，并开展南岛歌谣研究的，是南岛民俗研究者小野重朗。由于他的学说给这个领域的研究带来了一个突破性的进展，在此做一概括和介绍。

1969年，小野重朗在其论述中，列举了冲绳、奄美、西日本一带以纺织为内容的歌谣，在论述其传承时，他指出："我们不应该忘记，纺织叙事歌谣原本不是在劳作场所，而是在祭礼中演唱的。我认为纺织叙事歌谣的原型是神灵出现在祭礼现场，教导人们如何纺纱，如何编织布料而歌唱的歌谣。"[②]

1971年，小野重朗围绕冲绳本岛稻谷播种日演唱的歌谣"アマウェーダー"，以及人们以肢体动作表现稻穗结实时指出："提前歌唱和表演稻作的理想形态，向神灵祈求今年的水稻耕作也会如此这般地顺利，结实如此丰硕。这是予祝，是人们向神灵表达的愿望和要求。但这只不过是脱离了祭礼后的一个形态"，"本来的面目应是由降临在祭礼中的神灵歌唱并用肢体表现的。这种情形下的内容和意义，与由人们所实施时大不相同。如果是由人们所实施的话，那是向神灵表达的愿望，是诉求和予祝；但如果是由神灵实施的，那就是向人们演示和传授。由神灵歌唱种植水稻的过程，是表示以这种

---

① 外间守善·玉城政美：《南岛歌谣大成》（冲绳编上），角川书店，昭和55年（1980），第657页。"言霊（ことだま）"，即言语有灵。此处的"幻视"，可理解为"以虚幻的形式演示"。
② 小野重朗：《南岛の古歌谣》，ジャパン・パブリッシャーズ，1977年，第67—81页。

方式种植水稻便可以，如此便会带来丰收。这是神灵的教导，是对丰收的承诺……随着神灵信仰意识逐渐淡薄，神灵也不再来访，人们开始代替神灵歌唱和表演，祭礼也失去了庄严，活动的性质也变成了予祝"①。因此，他认为"对于这些为了教人们如何耕种水稻，而详细描述其生产过程的歌谣，将其称为'生产叙事歌'应该是妥当的"②。此后这种"神授说"的观点被普遍接受。

在同一篇论文中，小野重朗还论述了奄美的歌谣"米ぬながね"，他认为这类歌谣是"叙述稻谷的由来，叙述稻谷的一生，具有赞美稻谷的意义"的稻谷叙事歌，并推测发生过由稻谷叙事诗向稻作生产叙事歌的转变和过渡。③ 在此我们姑且称之为"叙事诗说"。

1977年，围绕冲绳和奄美群岛的村落举行祭礼时歌唱的，详细叙述理想的狩猎和水稻种植等生产过程的叙事歌谣，小野重朗试图追求"歌谣、神话和各种表演艺术出现的原初的面貌"④。在论文中，围绕与那国岛播种的节日"种子取"中歌唱的"稲が種子あゆ"，他指出："可以推测其中蕴含着一种信仰，即事先用言辞来歌唱理想的水稻种植过程或水稻生长的话，凭借言辞的灵力，现实中就会出现如歌谣中所描述的丰收"⑤；围绕冲绳本岛播种日歌唱的"天親田"，在稻谷穗祭时吟诵的"稲が種子あゆ"，他指出"水稻种植最初应该是描述创世神开始种植水稻的神话，它未必是一个虚幻般的理想的水稻种植过程，而是神灵克服各种艰辛种植水稻的过程"⑥。小野重朗还指出，南岛制作芭蕉布的生产叙事歌也应该是同一性质，并引用冲绳本岛叙述制作船只、狩猎野猪、捕获鱼类的过程时伴随有肢体模拟或艺术性表演的事例，指出"神话的叙事歌是原初的形态，后来又增加了模拟性的表演，因此才发生了这种重复，而且此后深奥难懂的叙事歌逐渐消失，只是余下了如今

---

① 小野重朗：《南島の古歌謡》，ジャパン・パブリッシャーズ，1977年，第86页。
② 小野重朗：《南島の古歌謡》，ジャパン・パブリッシャーズ，1977年，第88页。
③ 小野重朗：《南島の古歌謡》，ジャパン・パブリッシャーズ，1977年，第96页。
④ 小野重朗：《南島の古歌謡》，ジャパン・パブリッシャーズ，1977年，第98页。
⑤ 小野重朗：《南島の古歌謡》，ジャパン・パブリッシャーズ，1977年，第102页。
⑥ 小野重朗：《南島の古歌謡》，ジャパン・パブリッシャーズ，1977年，第109页。

我们可以看到的模拟性表演"①。关于这些叙事歌的功能，小野重朗说："也许亚里亚德所说的种植水稻是回归稻作原初的想法可能是正确的，对于种植水稻的人们来说，他们需要获得开始种植水稻的创世神的生产能量。或许他们希望从神灵那里再次接受种植水稻的方法。"②在本文中，我们将此姑且称之为"神话说"。

小野重朗的"生产叙事歌"之后的研究中，接近小野的"神授说"，但具有不同认识的是山下欣一。他在论及奄美的歌谣"芭蕉ナガレ"的实际功能时指出，比起准确传承生产过程和生产予祝，它其实是萨满进入脱魂状态时演唱的，歌唱了当时萨满身穿的芭蕉衣的神圣由来，其实是与其咒力相关。③

此后的研究，基本上可以分为受小野重朗影响的研究和持有一定保留意见的研究。在此介绍其中具有代表性的三位学者。古桥信孝在其著作中，将"生产叙事"作为"讲述某物起源的神歌，歌唱了神授的制法"，并以新的视角诠释了《古事记》《日本书纪》《万叶集》中的相关歌谣。④南岛歌谣研究者末次智将小野重朗的生产叙事歌视为"叙述创始神话的叙事歌总称"，并介绍了具有相同表现手法的，在日本本岛的劳动歌、传统童谣和民间故事中的事例。⑤南岛歌谣研究者狩俣惠一在其研究中指出，在南岛的叙事歌谣中，普遍存在象征性地在开头冠以神灵之名的现象，对其后叙述生产过程的部分属于神灵实施的生产的观点提出了异议。⑥

小野重朗提出"生产叙事歌""稻谷叙事诗"概念时，均有着古代欧洲的史诗作为背景。史诗是叙述历史事件或英雄传说的叙事诗歌，是一种独立的文体。显然小野重朗从南岛的叙述稻作生产、制作船只、狩猎野猪、捕获

---

① 小野重朗：《南島の古歌謡》，ジャパン・パブリッシャーズ，1977年，第126页。小野所说的"模拟性表演"指的是分布于日本各地的"田游"——请参照第三节。
② 小野重朗：《南島の古歌謡》，ジャパン・パブリッシャーズ，1977年，第109页。
③ 山下欣一：《奄美説話の研究》，法政大学出版局，1979年，第449页。
④ 古橋信孝：《万葉集を読みなおす》，日本放送出版協会，1985年；古橋信孝：《古代和歌の発生》，東京大学出版社，1988年。
⑤ 末次智："生産叙事歌の伝統"，载福田晃编：《日本文学の原風景》，三弥井书店，1992年，第347—361页。
⑥ 狩俣惠一：《南島歌謡の研究》，瑞木书房，1990年，第289—303页。

鱼类过程的歌谣中看到了创世神（神灵）的影子，进而提出了一系列的设想。而他设想的"神授说""叙事诗说""神话说"（简称"原型说"），也均为独立的文体。

南岛歌谣中存在丰富的"咒祷性歌谣"，这些歌谣可以进一步分为由神灵降身的巫女吟唱的"神托性"歌谣和巫女向神灵祈祷的"祝词性"歌谣。这些文学性和音乐性尚处于简单朴素阶段的歌谣，其特征便是叙事形式，这些在祭神的场域歌唱的歌谣也客观地支持了小野提出的"原型说"的成立。

南岛歌谣为人们考察"歌谣"的发展和进化，即"祝祷性歌谣"向"叙事性歌谣"进化（两者之间从歌词上看，除了一些祈祷性的内容以外几乎没有分别），以及"叙事性歌谣"向"抒情性歌谣"发展，提供了丰富的素材。特别是小野重朗的"原型说"，引发了研究者对日本本岛和古代歌谣的重新思考，例如古桥信孝和末次智的研究。日本本岛最早的史书《古事记》（712年成书）、《日本书纪》（720年成书）中夹杂的歌谣，大多属于短篇的叙事和抒发个人感情的歌谣。稍晚一些成书的《万叶集》是专门的诗歌（和歌）集，绝大部分都是已知作者的抒情性诗歌。比照南岛歌谣的变迁，这些日本最早的文献中记载的歌谣，应属于叙事性歌谣向抒情性歌谣变迁，而且是其变迁基本完成的阶段。此后本岛的歌谣中虽然很少见到同样表现形式的叙事性歌谣，但并不意味它们在日本本岛的歌谣中彻底消失，在一些祭礼以及民众生活中传承的歌谣中仍可以看到"生产叙事"的表现形式。

二、"生产叙事歌谣"的生态和构造

小野重朗提出"原型说"时所采用的基础资料，是南岛和日本本岛传承的详细叙述生产过程的歌谣。这些歌谣大多是独立的一首，有的是长篇叙事歌谣中的一段。[①] 为分析和研究方便，本文将这类叙述农作物种植过程的歌谣统称为"生产叙事歌谣"，与小野视为独立文体的"生产叙事歌"相区别。

---

① "咒祷性歌谣"叙述了多种内容，种植水稻只占一部分。

即"生产叙事歌谣"是现存的歌谣文字资料以及在生态场域中传承的歌谣，"生产叙事歌"则是根据"生产叙事歌谣"推论出来的"原型"。这两个概念虽然只有"歌"和"歌谣"的区别，但两者涵盖的范围和意义不同。除了虚与实的区别以外，"歌谣"可以把不同篇幅、不同音乐特点但同类性质的诗篇囊括在里面。

如上所述，日本的南岛和本岛西部流传着大量的生产叙事歌谣。将焦点放在这类歌谣的表现形式的研究，是从本岛的纺织叙事歌谣开始，其后才延伸到南岛的稻作叙事歌谣的。小野重朗研究的特点是以文化的角度审视这类歌谣，从而推论出了一系列"原型说"。也就是说他同时关注了歌者的身份和歌谣的内容，并将两者联系起来，得出了此类歌谣在不同生态中的功能。即：

```
歌者（神灵）+ 生产过程（稻作的理想形态）
               ⇩
       传授生产方法（神授）
───────────────────────────────
歌者（人或神灵）+ 生产过程（克服各种难关的稻谷种植过程）
               ⇩
   回归到原初的状态，从而获得生产的能量（神话）
```

在物质文化、行为文化、精神文化的大分类中，歌谣应该是行为文化中的一种。歌唱是发声的行为，歌谣则是发声的内容和结果。歌唱这个行为实施完毕，歌谣自然也会消失，但它作为一种信息、一种影像存留于听者的头脑中。

与歌唱这个行为文化密切相关的要素，我们可以列举以下几项：歌者、听者、时间、场域、形式、过程、目的（功能），以及内容（歌词）等，这些项目我们可以视为歌唱文化的构成要素。小野重朗在考察南岛歌谣时所关注的也基本都是这些项目。此外在他的研究中没有详细说明，但为人们所熟知的，还有当地住民的生产生活、社会结构、民俗信仰、自然环境等方面的状况，我们可以视为关联要素。

由于小野重朗等学者对现存于世的生产叙事歌谣未作全面的分析和概括，在此笔者试以行为文化的视角对南岛的生产叙事歌谣进行考察。

（一）生产叙事歌谣的生态

首先，对生产叙事歌谣的关联要素做简单的介绍。南岛的各个岛屿呈弧形分布，与外部的交流有限，形成了以琉球王国文化为源头的文化圈。南岛的村落原本是以血缘群体为中心形成的，后来逐渐向地缘群体转化。在冲绳本岛，村落生活中起主导作用的是最古老的血缘群体主脉一系，在宗教活动中担当祭司的也是这一系的女性，称为"根神（negami）"；各个家庭中负责祭祖活动的是该家庭的女性，称为"こで（kode）"；在区域性宗教活动中担当祭司的，是该地区行政权拥有者家族的妇女，称为"ゆた（yuta）"。其他各岛屿的情形也类似，只不过祭司的称呼不一。这些祭司中地位较高的是那些可以通神者（巫）。在农作物中，水稻和麦子在播种后需要由这些祭司举行仪式，向神灵祈祷守护。信仰体系基本为原始信仰和祖先信仰，而且信仰的气氛比较浓厚。[1]

叙述农作物生产过程的歌谣，传承于南岛各个岛屿的村落中，其体裁和内容上各具自己的特色，并分别形成了一定规模的歌群。在冲绳有两个歌群，即"ウムイ（umui）"和"クェーナ（kuena）"；在奄美为"ナガネ（nagane）"；在八重山为"アヨー（ayo）"和"ユンタ（yunta）・ジラバ（jiraba）"；在宫古为"クイチャー（kuiqia）・アーグ（agu）"。

这些歌群歌唱的时间、场域、歌者、形式、功能等情况如下[2]：

---

[1] 比嘉春潮等：《冲縄》，岩波新書，1975年，第157—159页。
[2] 根据小野重朗的相关论文，以及《日本庶民生活史料集成》19卷（谷川健一编，三一書房，1973年）、《南島歌謡大成》（外間守善等编，角川書店，昭和53、54年）中的解说整理。

	时间	场域	歌者	形式	功能
ウムイ（冲绳）	播种日	村落祭祀	女神人（巫女）	常伴随集体舞蹈	予祝耕作成功
クェーナ（冲绳）	播种日	生活空间	村民	在庭院中铺上草席，人们并坐着歌唱	予祝丰收
ナガネ（奄美）	11月	霜月祭	ノロ（巫女）	一人歌唱	予祝丰收
アヨー（八重山）	播种后	祭祀（苗圃旁、神坛、庭院、族群主脉家）	祭司和村民	祭司带头，一领众和，拍手为节	祈求稻谷顺利发育
ユンタ・ジラバ（八重山）	旧历3月	除草劳动	村民	分成男女二组唱和	提高效率
クイチャー・アーグ（宫古）	播种后	生活空间	村民	伴随集体舞蹈	予祝丰收

南岛的生产叙事歌谣的歌唱时间，基本为播种后。此外有收获后（11月），旧历3月除草劳动。因纬度不同各个岛屿的播种日稍有差异，两季耕作时大致在1月前后和6月前后。歌唱的大多数场合都是在播种这个阶段，可知在当地人们的心目中，这个阶段最为重要，需要神灵的佑护。

歌唱的场域可以大致分为三种，即：祭祀场域（ウムイ、ナガネ、アヨー）、生活场域（クェーナ、クイチャー・アーグ）、劳动场域（ユンタ・ジラバ）。祭祀场域的具体场所没有固定，可以是神坛前，也可以是苗圃旁或族群的主脉一系家庭的院落等，重点在于是否为开展祭祀活动的空间。歌者为"女神人（kamintyu）""ノロ（noro）"祭司和村民。如前所述，南岛的祭祀活动中的祭司大多为女性，其中不乏通神的巫女。在祭祀时宗教氛围较浓厚，所歌唱的生产叙事歌谣中，与神灵相关的开头和末尾部分篇幅较长。生活场域，一般为农民的家庭内或庭院，氛围相对快乐一些，歌者主要是村民，推动活动进行的也是村民。劳动场域，是水田和旱田的除草作业，歌者为村民，除了生产叙事歌谣以外，他们还歌唱爱情内容的歌曲。

从歌唱形式上看，祭祀场域一般为祭司一人唱，即使有村民参与，也属于配合。其中有的除了歌唱以外，还伴有舞蹈或模拟行为。生活和劳动的场域则是村民积极参与或以村民为主。除了歌唱以外，还伴随拍手或舞蹈的肢体动作。在劳动场域中，采取的是男女两组唱和的形式。

歌唱的功能，均为祈求和予祝农耕作业顺利，幼苗顺利成长，秋收收获丰硕。劳动场域中还具有提高劳动效率的作用，所唱的歌词继承了生活场域中歌词的基本内容，显然也具有予祝的功能。这里的"予祝"含有实施咒术的意义，与汉语的"预祝"含义不同。一年的农耕活动中，播种等一些关键性环节，需要借助神灵的力量，来保证农耕的顺利。

在祭祀、生活、劳动三个场域中歌唱的生产叙事歌谣，虽然不一定全部都能够以鲜明的特征相互区分开来，但它们是一脉相承这一点比较明确。只不过歌词的长短（部分内容的增减），旋律和唱法，以及歌者的情况，均呈现出不同的特点。如果置于时代的变迁中考虑，也可归结于随着生产技术的提高，信仰的要素逐渐淡薄，场域和歌者以及歌唱形式也逐渐发生了重心的转移，即祭祀场域→生活场域→劳动场域（或祭祀场域→劳动场域）这样一个过渡。这不是说后两种场域原本就不存在，而是说随着时间的推移发生了不同场域盛衰的变化。目前可以确定的是，在南岛的"叙事性歌谣"中这三种场域并存。如想进一步溯源，考察其变迁，还需与"咒祷性歌谣"中的歌谣进行比较。

（二）生产叙事歌谣的构造

现有的南岛歌谣资料，基本为近代和现代采集的。其中也有保留古代歌谣形态的部分，但可以作为近现代传承的歌谣来对待。在此对笔者所掌握的51首生产叙事歌谣进行分析。[1]

---

[1] 51首均为外间守善等收集编纂的《南岛歌谣大成》所收，具体如下。冲绳27首："田植ヲリメ（伊平屋島）""みせぜる（伊平屋島）""テルクロ（田名村）""テルクロ（伊是名村）""諸見村てるこロ""テルクロチ（伊平屋島嶋尻村）""仲田のてるくくち""我喜屋村のレルクロ""字勢理客のテルクロ""たきねーいぬうむい（座間味村）""ヤーサグイのオモイ（羽地村川上）""二月の田ぬうむい（東村平良）""立ちウムイ（久志村汀間）""田ぬうむい（東村平良）""シノゴノオモイ（国頭間切）""御嶽ニテノオモイ（金武間切）""田の祝の歌（豊見城辺）""ウエタヌウタ（玉城村百名）""天人の教（国頭比地）""正月グエンナ（勝連村平安名）""田の祝のクエナ（国頭村安田）""田植ゑのクエーナ（玉城村百名）""豊作の祈願のクエーナ（玉城村百名）""天親田（玉城仲村渠）""アマーォェーダー（真和志間切識名村）"

(1) 三段内容及类型

南岛的生产叙事歌谣中，以水稻为内容的有 45 首，以粟（小米）为内容的有 4 首，以多种农作物为内容的有 2 首。

因大多数的生产叙事歌谣篇幅较长，故根据内容特点分为三个部分。即叙述生产过程的内容为中心部分，这个部分之前为开头部分，之后为结尾部分。

南岛歌谣歌词的特点之一，为复句铺陈，即由五、三音构成的两句为一个基本单位，两句的内容多为同类词或同一词的重复，客观上起到一种强调和加深印象的作用。这也是祝词（咒词）常见的表现手法。

叙述生产过程的中心部分，虽然内容详略不一，基本为犁田、耙田、浸种、播种、插秧、成长、结实、收割、打谷、脱粒等过程。

在此举一首冲绳本岛的真和志间切识名村在播种日的那一天歌唱的歌谣[1]：

例 1："播种时的歌（種子取の時のアマオェダー）"

シルミキヨがはじめ	希鲁米奇姚开始的事情
アマミキヨが宣立て	阿玛米奇姚吩咐的事情
後当原に下りて	到了村后平坦的耕地
泉口を悟って	找好水渠口

（接上页）"アマーウェーダー（浦添間切沢岻村）""あまへーだの歌（玉城村百名）"

奄美 8 首："のろぐち""新穂花ぬタハブェ""みしゃくのタハブェ（1）""新穂花のオモリ""神祓のオモリ""稲の伝来オモリ""親ノロナガネ""米ぬナガネ（1）"

八重山 12 首："種取いの願い（竹富島）""稲が種子あよう（石垣島石垣村）""稲が種あよう（石垣島大川村）""稲が種子あよう（石垣島登野城村）""稲が種あよう（石垣島平得村）""稲が種子あよー（石垣島大浜村）""種子どりあよう（石垣島宮良村）""稲が種子あよう（西表島祖納村）""種取りのあよー（石垣島白保村）""種子取りあゆう（黒島）""いにがだにあゆ（与那国島）""田植びじらー（西表島祖納村）"

宮古 4 首："イキャー家のチョラホイ""十五夜のアーグ""今蒔く種""大世栄え"

[1] 原始资料的歌谣为冲绳方言和标准日本语两种，本文引用的是标准日本语的歌词，歌词大意的汉译为笔者拙译，下同。

畦形を造って	整理好田亩
畝切り〈畝のすべて〉もしちよぢ	区划好田亩
枡切り〈枡のすべて〉も充たして	区划得齐整
泉口にかね降ろして	从水渠口引来了水
角高〈牛〉をかね降ろして	把牛赶进田亩
黒土をこねて	把黑土混合在一起
真綿原ままたうたう	让田面像棉花一样的松软
九月もなったよ	九月来到了
夏水に漬けて	（把稻种）浸在夏水里
冬水も悟って	把它从冬水里取出（播下去）
深山鶯が鳴くときに	深山的黄莺鸣叫的时候
九年母の花さらさらと	香橘花盛开的时候
真綿原を回って	来到松软的田亩
人々も揃わせて	（插秧的）人们聚齐了
原々に配り渡して	分散在田地里
百日十日になったよ	（播下后）到了一百一十天
きるきるに差し植えて	（把它）适当地插到田里
二月もなったよ	二月来到了
寄らり草を掻きなさい	除去浮萍和田草
三月もなったよ	三月来到了
ぬるり南風も和々と	暖和的南风柔柔地吹来
四月もなったよ	四月来到了
本々に居たよ	（插下的秧苗）每一棵都扎下了根
五月もなったよ	五月来到了
南の風が押すと	南风吹来的时候
北の畔を枕にして	（稻穗）枕在北面的田埂
北風が押すと	北风吹来的时候
南の畔を枕にして	枕在南面的田埂

六月もなったよ	六月来到了
人々も揃わせて	人们聚齐了
利鎌を取り揃わせて	手里都拿着镰刀
朝露に刈りなえて	在晨露中把它们割倒
足四つを揃わせて	引来了马
角高を揃わせて	牵来了牛
筋々に持ち上せて	把它们运回去
あむされい〈妻女〉よ算を取れ	妇女们来计量
干乾もしたよ	稻谷干透了
六つ俣〈倉〉に積み込んで	存放到六根柱子的高仓
八つ俣〈倉〉に積み込んで	存放到八根柱子的高仓
真積みまでしたよ	稻谷溢满了高仓

（外間守善 / 玉城政美：《南島歌謡大成》沖縄篇上，角川書店，昭和 55 年，第 307 页）

开头两句提示了创世神希鲁米奇姚和阿玛米奇姚，并言明以下的生产过程是两位神灵"开始"和"吩咐"的事情。其后叙述了整理田亩、引水、耙田、浸种、播种、插秧、秧苗扎根、除草、稻谷成熟、收割、运送、计量、储藏、稻谷溢满谷仓的过程。这个生产过程应该是人们秉承神明的意志，年复一年继承下来的，一种理想化的生产过程。

开头和结尾部分内容多种多样，开头部分有如下几类内容：

第一类：回顾过去（24 例）；

第二类：叙述现在（16 例）；

第三类：过去、现在、未来的混合（9 例）；

第四类：省略开头部分（2 例）。

第一类回顾过去的内容中，大多列举了创世神之名（或神灵所在的岛屿），有的叙述了稻作的起源。例如奄美的一首歌的开头部分：

例 2："稻米的歌（米ぬナガネ〈1〉）"

ねいらやとおすんじま	尼来那遥远的岛
かなやとおすんじま	加奈那遥远的岛
ねいらやしゅうむり	尼来（不明）
かなやしゅうむり	加奈（不明）
鶴の鳥	名字叫鹤的鸟
鷹の鳥が	名字叫鹰的鸟
稲の穂	把稻穗
稲の種は	把稻种
脇羽に押し込めなさって	藏到了翅膀的根部
袖羽に押し込めなさって	藏到了翅膀的尽头
広島にのぼせなさって	带到了广阔的岛屿
大島にのぼせなさって	带到了巨大的岛屿
昔　平安座の親のろが	很早以前平安座的大巫
天の天田に上って	上到天上的田亩
お登りになって	爬了上去
稲の穂	把稻穗
稲の種は	把稻种
脇羽に押し込めなさって	藏到了翅膀的根部
袖羽に押し込めなさって	藏到了翅膀的尽头
広い島におひろめになって	传到了广阔的岛屿

（田畑英勝/亀井勝信/外間守善：《南島歌謡大成》奄美篇，角川書店，昭和 54 年，第 192 頁）

这里列举了神灵所在的岛屿（"尼来""加奈"），叙述了鹤和鹰，以及大巫带来稻种的事迹（传说）。

第二类叙述了祭祀神灵，准备农耕作业，人们的生活等状况，是对"现在"这个时间点的状况说明。提及或赞美作业开始日和季节，也是立足于

"现在",对与生产相关的事项的说明。第三类是混合型,除了第一类和第二类以外,还有对未来的描述。叙述祈愿的内容和赞美收成是予祝,是对未来将会出现的前景的勾画。与中心部分叙述的生产过程中"未来"相比,这里的"未来"是浓缩的,是象征性的。第四类是省略了开头部分,直接从中心部分开始。把歌谣置于具体场域中考虑,省略的部分可能相当于前面三类的某一种,只不过在歌者和听者之间达成了默契而没有歌唱。但是省略这一现象本身也说明了问题,即这一部分的内容在人们的意识中不像以前那么重要了。随着生产能力的提高,依靠神灵力量的意识逐渐减弱应该是一个背景。

结尾部分有如下内容:

第一类:生产过程结束后的风景(19例);

第二类:享受生产物的情景(32例)。

第一类是描述丰收的情景,描述自然和生活的风景。第二类是描述收获后的稻谷处理情况,如加工后变成白米、饭、酒等,或献给神灵,或由人们享用。我们看冲绳本岛丰见城边的一首歌的结尾部分:

例3:"预祝稻田的歌(「田の祝の歌」)"

それの御初めは	先要把它
穂花から取って	从穗花上割下来
神に押し上げて	献给神灵
それの御残りは	余下的部分
姉妹御神に	向姉妹御神
ひちゅま〈初穂〉を押し上げて	献上新收的稻穗
それの御残りは	余下的部分
首里天加那志〈国王〉への	向首里的国王
御上納を押し上げて	交上公粮
それの御残りは	余下的部分
首里の酒屋に持ち込んで	拿到首里的酒家
行ってこそ	搬运过去

辛酒を垂れたり	酿出辣酒
甘酒を垂れたり	酿出甜酒
我ら若者は	我们年轻人
飲み込んでビービー	尽情地喝下去

（外間守善／玉城政美，《南島歌謡大成》沖縄篇上，角川書店，昭和55年，第252页）

从以上的分析中，我们可以得知生产叙事歌谣内容的特点，一是由过去、现在、未来的内容构成；二是所描绘的生产过程是按照时间的推移来进行的，呈现在人们眼前的是无数个连续的画面。

（2）歌唱的对象

上面的三部分内容的类型是横向审视的内容，那么纵向展望又会如何呢？

51首南岛的生产叙事歌谣中出现的各种事象虽然纷繁复杂，但可以归纳为五大类。即，自然、神灵、祖先、生产者、生产物。

"自然"包括植物、动物、土地、风、雨、水、季节（月份、节气、日子）等。它们是稻谷等农作物生长所必需的环境要素，这些要素随着季节而出现或发生变化，与此相随的是不同阶段的生产活动。由于南岛属于万物有灵的信仰体系，自然界的一些事物本身也是信仰和崇拜的对象，因此"自然"中所涉及的内容中，有的既是支持稻谷等农作物生长的环境要素，同时也具有某种灵力，成为支持歌中所描述的理想的生产过程实现的力量。

"神灵"包括提及神灵的名字，或提示神灵降临，或向神灵祈愿，或言及与神灵有关的事。这些内容基本上集中在开头和结尾，客观上道出了祭祀的场域，或表达了理想的生产过程中蕴含的愿望。有的歌谣中神话要素较多，显示了歌唱者所处的生产环境和社会背景。

"祖先"中，有人类的先祖和崇拜的神灵两种情形。有的能够列入"神灵"或"生产者"，有的仅凭歌词无法判断是神灵还是人类，故设了"祖先"这一项。

"生产者"除了从事生产的人类以外，还包括与生产活动相关的牛马类、农具类、食物类，与生产者相关的老人和孩子等。"生产者"是实施生产活动的主体和手段。

"生产物"包括种子、秧苗、稻穗等农作物成长过程的各阶段，以及其延长线之上的米、饭、糕、酒，以及用谷物交换得来的金钱、服装、房屋等。这是"生产者"在开展生产活动中面对的对象，是与生产活动相关联的最终目的。

我们可以看到生产叙事歌谣中，水稻等农作物成长所需要的"自然"等环境因素，从事生产活动的"生产者"，生产活动所围绕的"生产物"这三条线贯穿了始终。自然等环境因素是一个大的背景，生产者在这个背景中随着时间的推移开展生产活动。生产物则是在自然环境中，在生产者的精心呵护下，经历了从种子发芽、成长、结实，到最后为人类的生存奉献自己的一生的过程。生产叙事歌谣的长短不一，叙述的重点或是生产者，或是生产物，或是两者均衡兼顾。叙述生产者时，稻谷的成长在暗；叙述稻谷成长时，生产者在暗。每一首生产叙事歌谣均由这三条线构成了骨架。

生产叙事歌谣的祭祀、生活、劳动这三种场域，是实际存在的生态空间。而在这些场域中歌唱的生产叙事歌谣，则描绘了一个虚构的世界。这两个场域虽然都与农耕生产密切相关，却是有着根本性区别。生态空间处于农耕生产一个周期的某一点上，而虚构的空间则是一个完整的生产周期，是以多年的实践为基础的理想化的生产过程。

三、生产叙事的表现形式和行为文化的模式

在生产者的力量不足以保证一个周期的农耕生产所获达到期望值的时代背景下，人们需要歌唱生产叙事歌谣，以获得神灵的力量，或者发动言辞的法力，来确保生产的顺利和收获的丰硕。这一点从日本南岛的事例中得到了证实。祭祀场域中巫女歌唱的歌谣继承了"咒祷性歌谣"的场域和歌词内容，也揭示了歌唱生产叙事歌谣的性质是一种实施法术的行为，歌谣内容则是希冀达到的目标。

（一）生产叙事的表现形式

那么如何给生产叙事歌谣定位呢？从南岛的 51 个事例来看，它们每一个都是独立的一首，因此把这种叙述生产过程的歌谣视为独立的文体亦无不可。除了日本的事例以外，我们还可以从中国古代的"农事诗"、江南的"十二月种田歌"、西南少数民族的"生产调"这一类歌中找到旁证。

但是在此之前，首先要确定"生产叙事"是一个表现形式。因为采用同样表现手法歌唱其他事物的叙事歌谣比比皆是，在此我们看一首少女游戏时歌唱的"手毬唄"（拍球歌）。

例 4："前面过路的是否熊野参拜者（むこう通るは熊野道者か）"

むかへ通るは熊野道者か	前面过路的是否熊野参拜者
肩に懸けたるかたひら	肩上披着麻织布衣
肩とすそには梅の折枝	肩和下摆是梅花枝
中は五条のそり橋	中间是五条的拱桥①
そり橋の茶屋の娘は	拱桥茶馆的姑娘
日本ノ手ききと聞へた	心灵手巧日本闻名
日本ノ手ききは何をなされる	日本闻名的巧姑娘做什么
一ッてはちちを呑み候	一岁吃奶
二ッてはちちにはなれ候	两岁断奶
三ッてはままも喰候	三岁吃米饭
四ッてはよい茶もくみ候	四岁斟一手好茶
五ッてはくだをまき候	五岁纺纱
六ッては白機おりそめ	六岁织素布
七ッてはころばたおり候	七岁织青布
八ッてはきねはたおり候	八岁织绢布
九ッては綾や錦もおり候	九岁织绫和锦

---

① 这里描述的是刺绣或染色的图案。"五条的拱桥"是京都市五条大桥（现为钢筋水泥构造）的前身。因鸭川河流较宽，桥身呈拱形，当时被人们称为"彩虹般的桥"。

十ヲてとんとお子をもふけて	十岁生一子
天の岩戸て落いた	生在天之岩户
天の岩戸で何をしやる	在天之岩户做什么
麦をついたり	捣一捣麦子
あわをついたり	舂一舂谷子
おてに豆が九ッ	手掌磨出了九个豆豆
九ッの豆が実入れは	九个豆豆熟透了
四石八斗と聞へた	收成是四石八斗

（浅野健二等：《日本歌謡研究資料集成》第八卷〈朝岡露竹斎：《尾張童遊集》〉，勉誠社，1977 年）

"熊野道者"原指熊野山系（奈良县南部）的山岳信仰修行者，后泛指前往熊野山系寺院的参拜者。日本歌谣学者真锅昌弘援引民俗学者柳田国男的观点，认为无论从麻织布衣的华丽图案分析，还是从接下来歌唱的茶馆家少女成长过程的脉络来看，"熊野道者"都应该为女性。[1]

这类歌属于"数え歌"（数字歌），所以把女孩子从出生到结婚生子的过程浓缩在一至十的数字之内。和旧时代的中国一样，女孩子是否心灵手巧也是要看织布等女工的手艺。这首歌原本应该是赞美女孩子理想的成长过程，但十岁往后的内容却给人一种惨淡的感觉。"天之岩户"是日本神话中太阳神为了躲避侵扰时进入的岩洞。她躲进岩洞后久久不出，天下一片黑暗，天上的众神使用各种手段才把太阳神引出了岩洞，由此天下又恢复了光明。[2]日本各地也有一些村落周围山里的岩洞被冠以"天之岩户"来称呼，所以这里的"天之岩户"也许单纯指阴暗的岩洞或影射了少女们心中的婚后生活。

这首歌和南岛歌谣中叙述重点放在稻谷的歌谣一样，都采取了按照时间的推移，叙述稻谷等生命体（在这里是女孩子）成长的过程。此外常见的歌唱其他事物的歌谣，除了前面提过的生产苎麻和织布过程的歌谣以外，还

---

[1] 真鍋昌弘：《わらべうた》，桜楓社，1989 年，第 54—55 页。
[2] 《古事记》《日本书纪》中记载。

有叙述造船过程的歌谣；叙述狩猎过程的歌谣；叙述养蚕以及纺织过程的歌谣；叙述制作荞麦面过程的歌谣等。同样内容的歌谣在中国分布也比较广，而且还有日本所没有的事例，如叙述伐木建房过程的歌谣等。这类歌谣，我们可以称作"人类成长叙事歌谣""纺织叙事歌谣""造船叙事歌谣""狩猎叙事歌谣"等。从这些歌谣中我们都可以发现"生产叙事"的表现形式，因此随着时间的推移描述某一种生命体的成长过程或某一种事物完成过程的表现手法，可视为一种独立的叙事表现形式。

（二）行为文化的模式

小野重朗在其论述中介绍了南岛歌唱叙事歌谣时伴随肢体动作的事例，其中有以歌谣为主，肢体模拟为辅的事例，也有以肢体模拟为主，以歌谣为辅，或完全以肢体模拟为内容的事例。日本本岛分布着大量以肢体模拟表现生产过程的予祝性民俗活动。这些活动一般被称作"田游"，基本都在年初（1、2月）举行。因地区不同，内容也不尽一致。日本中部和东部模拟的内容较多，从耕田、播种开始模拟至秋收。奈良等近畿一带则是从耕田、播种开始模拟至插秧。这些活动和生产叙事歌谣的构造相同，都是随着时间的推移，以模拟的形式再现了生产过程。

图 1　东京都板桥区北野神社"田游"中的"播种"（2008年2月，笔者摄）

歌唱是一种行为文化，模拟是另一种行为文化，我们暂且把这些行为文化称作"文化模式"。除了歌唱和模拟以外，采用生产叙事表现形式的文化模式还有舞蹈、绘画、制作造型物等。

舞蹈常见于日本西部和近畿一带一些民俗活动，日本东北部山形县的"田植踊"也属于同一性质。在这些舞蹈中，有的仅靠肢体动作，有的还使用道具，均以表现生产过程为内容。虽然缺乏严肃感，但仍为予祝性的活动。

图2　奈良县田原本町镜作神社"御田"活动中的"御田植舞"（2009年，笔者摄）

采用生产叙事的方式描述生产过程的绘画被称为"农耕图"或"四季耕作图"。据研究，早期的"农耕图"是以平安时代以来的"月次绘"（描绘一年四季的生活和节日的绘画）为基础，融合中国的"耕织图"而形成的。开始阶段照搬了中国"耕织图"构图方式，其后在手法上逐渐形成自己的特色，内容也丰富了起来。至江户末期，在使用素材和表现手法上呈多样化，有"襖絵（隔断房间的拉门之上的绘画）""屏風絵（屏风上的绘画）""掛け軸（挂轴画）""袱紗（刺绣）""絵農書（以绘画的方式描述农耕内容的农书）""絵本（商品化的画本）""染小袖（在和服的布料上染色的图画）"[①]"蒔絵（瓷器、餐具上的漆画）""絵馬（供奉在神社的匾额绘画）""浮世絵（彩色木版画）"等。[②]

---

① 冷泉為人等：《瑞穂の国・日本－四季耕作図の世界》，淡交社，1996年；吹田市立博物館：《農耕の風景──摂津の四季耕作図》，平成12年（2000）；山本秀夫：《民俗的視野に立っての「四季耕作図屏風」の考察》，《瀬戸内海歴史民俗資料館紀要IX》1996年別冊。
② 日本農書全集第71巻《絵農書》（一），農山漁村文化協会，1996年；日本農書全集第72巻《絵農書》（二），農山漁村文化協会，1999年。

此外还有"雕刻（祭神用的神龛、神社本殿的栏杆上的雕刻）"。①

这些"农耕图"和"雕刻"在内容上有详细和简略之分。在较详细的内容中，描绘了稻作从耕田到入仓为止所有过程。在简略的内容中，描绘了插秧和秋收等几个重要的场面。在表现手法上可以归纳为两种：一种是用一定数量的画幅描绘整个生产过程（如下图的《絵本通宝志》〈冷泉為人等：《瑞穂の国・日本──四季耕作図の世界》〉等）；另一种是把整个生产过程浓缩在一个画幅（如下图"农耕图刺绣袱纱"〈日本農書全集第71卷，『絵農書』（一）〉等）。

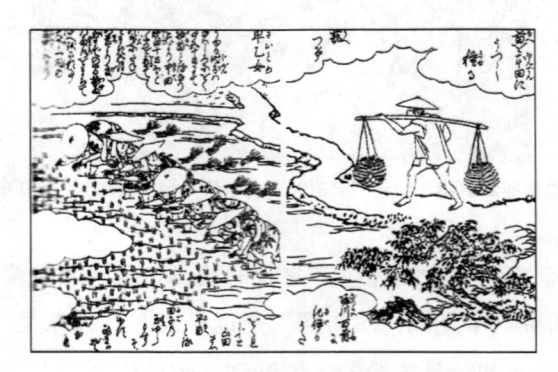

图3　橘守国《絵本通宝志》（第9幅"插秧"）

图4　橘守国《絵本通宝志》（第14幅"脱谷"）

---

① 日本農書全集第71卷《絵農書》（一），農山漁村文化協会，1996年。

農耕図刺繡袱紗
William Sturgis Bigelow Collection
Courtesy, Museum of Fine Arts, Boston
（ボストン美術館提供）

图 5　农耕图刺绣袱纱

  歌谣、模拟、舞蹈、绘画、雕刻、漆画、染色、刺绣等，属于不同的文化模式。在不同的文化模式中我们看到了共同的表现形式——生产叙事。这些不同文化模式中的生产叙事，其产生的原因和功能，与生产叙事歌谣的予祝、赞美、教育等并无二致。这说明存在着一个"为达到某种目的（功能），采用生产叙事表现形式"的思维方式，这种思维方式无疑反映在精神文化领域，即它应该属于人类精神文化的一种固有的思维方式。

生产叙事作为一种表现形式，其特点是按照时间的推移，详细叙述某一种生产过程或某一种生命体的成长过程。这种表现形式，我们可以认定它属于抽象（逻辑性）思维，是人类的进化达到一定程度后形成的产物。

结语

据推测，日本的稻作文化是公元前 500 年前后从长江中下游传播到日本的[1]，而且从歌唱文化的角度看，日本和中国也应该属于一个文化圈[2]，因此在稻作文化或歌谣文化研究中，完全可以把两个国家的事例纳入一个视野内进行考察和比较。

从目前的资料看，与生产叙事歌谣相关的歌谣形态，除了小野重朗提出的"原型说"以外，还存在叙述创世神创造万物的神话、人类的祖先开始农耕的神话等。这一事实我们可以从南岛"咒祷性歌谣"、中国古代诗歌集《诗经》中的"颂"、中国西南少数民族的"古歌""神话"中得到证实。中国少数民族的神话是在民间的各种仪式中以歌唱的形式传承的，所以其本质应属于歌谣。这些有关创世神和祖先的神话（或传说）涉及的内容繁多，农耕只是一方面。因此不能排除从这类神话和传说中农耕的部分逐渐分化出来，衍生了生产叙事歌（谣）的可能性。

如果说"生产叙事"的表现方式是一种固有的思维方式，那么它是什么时候形成的呢？

生产叙事歌谣构造上的特征概括起来有两点：一是基本上表现了一个周

---

[1] 詳説日本史図録編集委員会：《詳説日本史図録》，山川出版社，2010年，第17页。
[2] 对歌形式的歌唱文化（歌掛け）在世界其他地区很少见，主要分布在长江流域以南和日本。

期性的生产活动；二是这个周期是由自然、生产者、生产物三者随着时间的推移相互作用完成的。基于这两点，我们可以推测生产叙事的表现方式应该是人类进入农耕社会，经历无数次种植农作物的实践后形成的。与形象思维相比，抽象思维的产生在人类进化史中无疑是一大进步。在歌唱（歌谣）的表现形式方面，以无数个移动的画面构成的生产叙事歌谣（属于抽象思维），要比一个画面构成的歌谣（属于形象思维）高一个层次。① 我们也可以设想：在人类农耕社会之前的采集和狩猎生活的阶段歌唱的歌谣，应该存在过由单个画面构成的歌谣形态，思维发达到一定程度以后才出现复数画面构成的歌谣。或许尼安德特人留下的西班牙洞窟所绘的牛、鹿等壁画可以成为旁证。

---

① 单个画面构成的歌谣，可举中国侗族的事例，如他们在插第一把秧苗的时候吟唱的歌谣："Ongl oux dogl, ongl wogx deil, / Ongl oux dogl dih qeek geil nyeil（禾苗插，杂草死 / 禾苗落地满田齐）。"割第一把糯米稻时吟唱的歌谣："Il kebl miac yac kebl geeus / Daih maenl tanp daih dianl wenh / Wenp oux dagl anc, tanp oux dagl dibs（一摘一把，两摘一捆 / 整天摘，整夜运 / 运禾断扁担，摘禾断摘刀）。"（于 2003 年采集于贵州省黎平县岩洞镇岩洞村）

在日华人社会文化研究

长崎的中国文化交响诗
——舞、食、节

王 维[*]

摘 要 日本长崎在历史上曾是对外经济文化交流中心，400多年前被称为唐人的华侨在此从事和开展各项活动，对日本社会的经济贸易和文化领域都产生了极大的影响。长崎具有的独特海外交流史及积淀的中国文化特色，现今成为极具特色的文化旅游资源，为振兴地域经济发展做出了重要贡献。长崎地域的三大代表性文化符号，即龙舞、长崎杂拌面和长崎灯节是中日文化交流史的象征。历史上，长崎对中国文化的选择、接受、发展与创造建构了当地的特有地域文化。这种文化的复合体宛如交响诗一样，凸显出了长崎与海外，特别是中国文化交流过程中的历史内涵和现代表象。

关键词 文化交流；长崎地域社会；异文化传播；吸收；创造

导言

历史上长崎曾是东亚、东南亚多边贸易的重要中转地，400多年前即有

---

[*] 王维，日本长崎大学多文化社会学部教授（日本长崎852-8521）。

来自葡萄牙、荷兰等国家的西方商人和来自中国的华商渡航到长崎与九州各地，并建立起居留地。被称为唐人的华侨从事和开展的各项活动，对日本社会的经济贸易和文化领域都产生了极大的影响。长崎具有独特的海外交流历史与文化资源，这使其成为富有特色的日本国际旅游城市之一。长崎保留了很多与中国有关的文化资源，建筑上有唐人寺院、唐馆、孔子庙、眼镜桥、中华街等，从饮食文化上看有桌袱料理、普茶料理（素斋）和长崎杂拌面（長崎杂拌面），节日活动有长崎宫日节（重阳祭祀节）、精灵流（sholonagashi 放精灵）、赛龙舟、龙舞、盂兰盆节、长崎灯节等，这些都充分体现了长崎与中国等海外文化交流的历史场景。本文将以代表长崎地域文化的三大活动，即龙舞（舞）、长崎杂拌面（食）和长崎灯节（节）为例，探讨传播到长崎的中国文化是如何被当地社会接受，并成为当今长崎历史轨迹中特有的地域文化的。

一、龙舞在长崎

历史上来自中国的龙舞在长崎由日本人继承并被传承至今，成为目前长崎地域社会各种祭祀和文化活动中不可缺少的表演项目。特别是长崎当地在以振兴中华街为目的、融入了中国春节和元宵节文化习俗的"长崎灯会"活动中，龙舞的存在也是十分重要的。

（一）历史上的龙舞

龙舞在长崎历史悠久，在江户时代的唐人屋敷（又称唐馆，即唐人居住区域）中已存在。长崎龙舞的原型可追溯到江户时代从中国传来的"龙灯"。当时，来到长崎的华人（当时称为唐人）在每月初二举办"迎福"活动，前往唐寺祭祀财神。长崎的唐人寺，即兴福寺、崇福寺、福济寺在当时非常热闹，"龙灯"表演也十分常见。其中以元宵节的"龙灯"最为壮观。

正月十五的上元祭是每年最为热闹的年度活动之一。尤其以福济寺的上元祭最为盛大，因为据说在这一天，上天会赐下福气，所以这一天不仅唐人，而且长崎各年龄段的男女老幼都会一起前往寺庙祭拜，场面异常热闹。龙舞作为一项特殊的表演艺能，伴随着各种唐人乐器进行盛大的表演。到了晚上，还会从头至尾在龙身内点上灯，举行<u>舞龙灯</u>活动。然后，不分昼夜在每个街道巡游表演龙舞，长崎人称之为<u>蛇踊（蛇舞）</u>。元禄二年（1689）后，上元夜的蛇踊也会在唐馆举行。此时唐馆中点亮了无数的灯笼，变成了一座不夜城。连丸山町的艺伎们也换上了华丽的服装，用心装扮，前来观看唐馆的上元庆典。这一天，会不分昼夜举办唐人舞、蛇踊和龙灯舞表演。①

当时的情景在长崎史谈会编撰的《长崎名胜图绘》中也有记载。② 从记载情况来看，可以看出，每年的正月15日，在唐人寺院和唐馆都会有龙舞的表演（参考图1）。而且，龙舞原型的"龙灯"也被传播到了日本。

图1 "龙舞图"（川原庆贺笔"唐馆之卷"七，长崎历史文化博物馆藏）

---

① 宮崎清成：《長崎蛇踊の由来》，藤木博英社，1952年，第28页（下画线部分为笔者添加）。
② 長崎史談会：《長崎名勝図絵》，藤木博英社，1931年，第228页。

（二）龙舞的传承

　　龙舞虽从中国传入长崎，但龙舞的传承者并不是华侨华人，而是由日本人传承至今。长崎人几乎没有龙的观念，但是有蛇的信仰习惯。江户时代，唐人舞的龙在长崎人眼中看上去很像蛇，所以长崎人将龙舞写成为蛇踊（舞）。另外，蛇在日语中有两种发音，即"じゃ（jia）"和"へび"（heibi）。前者是指蟒类的大蛇，在日本常常会成为神社的"神使"（神的使者），而后者则是指普通的蛇类。日本社会这种对蛇的观念认知可以说是形成这种称谓的又一个重要原因，这也是后来为什么龙舞能够被长崎地域社会吸收为乡土艺能的文化背景。比如，在宫日节（重九祭祀）长崎诹访町，龙舞开始的契机是诹访神社位于町内，而诹访神社"神使"便是蛇。所以诹访町以蛇舞为酬神舞。此后，在 1960 年代，由于蛇舞的书写常使人们将其误读为"へび"（heibi），不符合长崎的风土文化习惯，加之中国的龙的概念已经为人们所熟悉，唐人当年所舞的应该是龙。基于这种原因和观念，1964 年经长崎市观光科和乡土史学家商谈，决定其读音不变，字由"蛇踊"改为"龙踊"，即"龙舞"。1964 年被指定为非物质文化遗产后，"龙舞"的名称逐渐被固定下来。①

　　龙舞的传承与长崎的宫日节有很深的联系。龙舞在长崎宫日节的时候由当时轮流到的"舞町"（在宫日节供奉龙舞的社区）向诹访神社进行供奉，一般认为始于享保（1716—1736）年间。② 本笼町（现笼町）是最先使用龙舞来供奉的舞町。笼町临近唐馆，也是通往唐馆的必经之路。这里由于承担了许多到达长崎的唐船修理工作，因此与唐馆有着密切的关系。当时，他们看到了唐人的舞龙后，便将其作为诹访神社的供奉舞。不仅是舞龙的表演技巧，而且还从唐人那里得到了包括所有与舞龙相关的服装、乐器、道具等方面的资助和指导。

　　1934 年，长崎县西彼杵滑石村（现在的长崎滑石町）的村民为了祈求五

---

① 参见田中敏明：《长崎新闻》1978 年连载版面 "九重祭长崎，昭和九重祭考" 第 21 回。
② 山口麻太郎：《日本の民俗 長崎》，第一法规社，1972 年，第 191 页。

谷丰登，在本笼町的指导下，向滑石大神宫供奉了蛇踊。1944年，谏访町第一次向谏访神社的神事供奉了白蛇蛇踊。这是因为谏访町的龙舞是向本笼町学来的，而且谏访神社的"神使"又是白蛇（白龙）。不论是滑石大神宫还是谏访神社，其都与蛇的信仰有关，并且是以本笼町为原型的蛇踊。

有趣的是，据说在1944年，也就是谏访町开始举行白蛇蛇舞时，长崎发生了霍乱疫情，有很多人死亡，所以有谣言说白蛇蛇舞不吉利，于是谏访町将白蛇蛇舞改为了青龙龙舞。[①] 换言之，白蛇蛇舞被认为不吉利，而青龙龙舞则是吉利的象征。然而，从1957年起，谏访町在青龙的基础上又再次加入了白龙龙舞来参加谏访神事活动。这与下文中所述的20世纪50年代和60年代的重新命名一事相吻合。由蛇舞到龙舞，由白蛇转变为白龙，可以看到日本社会对于龙和蛇之间观念的互换性。

目前，长崎供奉龙舞的舞町，除了笼町和谏访町之外，还有筑后町和五岛町。筑后町自1973年以来就一直供奉龙舞。相传，之前由于筑后町内有福济寺的缘故，所以龙舞是由唐人们传承的。随着龙舞的知名度不断提高，过去一直以"本舞"（类似日本舞的表演形式）作为供奉舞的五岛町也开始学习龙舞，并从2000年的重九祭开始供奉。五岛町开始供奉龙舞的原因，据说是源于长崎开港初期，唐船停靠在五岛町一事。

长崎今天的龙舞（图2）——龙踊的名称中，既含有象征唐人贸易时代的意义，也含有长崎地域对蛇的观念的认知。在长崎地域社会的各种祭祀和文化活动中，龙舞表现的是日本文化的蛇的观念，在长崎灯会上龙舞表现的是长崎历史上与中国交往的"龙的传说"。可见，从蛇踊到龙踊的变迁，是以唐人贸易中的龙舞变迁为代表性的地域乡土文化符号的蜕变过程，是华侨文化的一种转型。

---

① 宫崎清成：《長崎蛇踊の由来》，藤木博英社，1952年，第41—42页。

图 2　笼町的龙舞　（笔者摄于 2019 年长崎宫日节）

（三）长崎龙舞的形态

在中国舞龙种类很多，用来使用的龙身也是各种各样、形制不一。通常龙身的骨架是由竹子编制而成的，外表则覆盖着带有各种鳞片图案的绢布，躯干和头尾一般是由油纸制作而成。整个龙身被分成若干长度不一的节，每个节都有一个把手，并且以节为单位来计算龙体的长度。各地区和团体的节数也不尽相同。

相比之下，长崎的龙身在早期的时候是以竹笼相连接的龙灯式样，到了 19 世纪，笼町对其进行了创新，变成了我们今天看到的栩栩如生的龙身式样。目前的龙身长达 18 米。主要使用的颜色是青（绿）色和红白色。整个龙身重约 150 公斤，大约有 13 种，6000 片不同种类的鳞片，每侧各有两条带有火焰的龙爪。龙尾处插有七把由鲸鱼须制成的剑。此外，龙的头部被特意装饰有黑色的龙发。龙身是由藤环放在支撑杆上制成的，龙背处由 8 个用鲸须连接的躯干构成，还包括有龙头和龙尾。龙头的重量约为 18 公斤，但在表演过程中，由于离心力的作用，它的重量可能会接近 40 公斤。龙头上带有的长长的龙发是长崎特有的样式，在中国也没有发现，京都妙心寺的狩野探幽的龙画和圆山应举的龙画中也没有发现这种样式。在被认为是长崎龙舞原型的《长崎名胜图绘》和《长崎版画》的唐人蛇舞图中，龙头处也不见龙发。换言之，在龙头部长有龙发，拼接有龙鳞，而并非在外表绘制鳞片图案，这些制作方式是后来长崎创造的、也只有长崎才有的特色。

长崎龙舞主要由追龙珠、藏龙珠和出场部分构成。舞蹈的部分较简单，变化也很少，较注重龙珠。人员上由持龙珠的"宝玉众"、操作龙身的"龙番众""二番众""三番众""四番众""五番众""六番众""七番众""八番众""九番众""龙尾众"共计11人为1组构成。

龙舞表演由慢步的出场和舞蹈的（一）"追龙珠"、（二）"藏龙珠"、（三）"追龙珠"构成。舞蹈开场和结束时的"追龙珠"，是由龙追逐一个被当成是太阳（或月亮）的球，同时作画圆状形成一个圆圈，做穿行的动作。穿行动作指的是穿过"七番众"和"八番众"之间空隙的绝妙技能。"藏龙珠"是龙作盘卷状，以找寻龙珠为主要动作的表演。龙舞的所有动作都由持龙珠的"宝玉众"决定。在追逐龙珠的过程中，为使龙珠的行进轨迹和龙身的动作相协调，龙番众和龙尾众会格外注意，以免打破龙的整体姿态。长崎以外的龙舞则侧重龙身的动作与姿态，未必会使龙珠与龙身的动作相一致，这一点是长崎龙舞独特的表演形态。

（四）供奉舞町以外的龙舞

长崎的龙舞不仅是长崎宫日节的重要酬神舞蹈，作为一项充满异国情调的表演形式，已经成为长崎旅游的一个亮点，是长崎春节灯会的不可缺少的艺能表演之一。目前，除了供奉舞町之外，还有长崎观光龙舞会、十善寺龙舞保存会、鹤鸣学园长崎女子高中龙舞队这些自发组织成立起来的团体的龙舞表演。

（1）孔子庙的龙舞

孔子庙于1966年改建，当时，正值观光事业开展的初期，8名在商店工作的女性，为在孔子庙食堂里等待吃饭的客人表演龙舞。

中日邦交恢复前，孔子庙一直都起着与中国交流的桥梁作用。比如，长崎宫日节"舞町"之一的诹访町，祭祀活动所需乐器等与舞龙相关的道具几乎都是通过孔子庙从香港购买的。因此，孔子庙的龙舞也得到诹访町的指导。当时孔子庙龙舞的难度并不大，龙身也只有 6 米左右长，一般女性也可以舞得动。孔子庙的龙舞一直持续到长崎开办"旅之博览会"召开前的 1989 年 12 月，此后为了全力以赴准备 1990 年的博览会，孔子庙的龙舞不得不中止，直至今日。尽管孔子庙的龙舞中断了，但其龙舞却为之后十善寺龙舞协会的成立留下了铺垫。

十善寺区域内的唐馆旧址管理经费是由华侨总会提供的，但实际上，唐馆旧址的清扫等工作都是由居住在十善寺内的妇女们进行的。因此，在十善寺开始舞龙活动的同时，与华侨总会关系密切的孔子庙将龙和一整套乐器都借给了十善寺。不仅如此，在十善寺龙舞协会正式成立的时候，孔子庙还将整套乐器仅以低价卖给了十善寺。这一背景，成为孔子庙与十善寺之间友好缘分的契机，自十善寺龙舞协会成立以来，每年都会在 9 月的孔子祭上表演龙舞。

（2）长崎观光协会龙舞会

龙舞虽然是长崎有名的民俗艺能，但是以前除了宫日节以外，平时很难看到。1970 年代起，长崎旅游业日趋繁荣，很多游客希望能在宫日节以外的时间欣赏到龙舞表演，为了满足游客的这一需要，长崎观光协会的有关人员组织成立了龙舞协会。其龙舞表演是通过长崎重九祭"舞町"的指导而习得。当时龙舞协会的演出形式主要是和旅行社合作，在有游客需求时，旅行社便委托龙舞协会为游客表演。

但是，在当时日常能看到龙舞的，仍然仅限于旅行社所组织的旅游团，普通游客仍然不能如愿看到龙舞表演。为了满足更多游客的愿望，观光协会于 1979 年，以原来的龙舞协会为基础，成立了"长崎观光协会龙舞会"。龙舞会的会员均为旅游业界的人士，其中有自愿参加的，也有同行业企业派的人。现在的成员一共有 70 人左右，其中有女性 20 人。女性不舞龙，主要担当打击乐演奏。70 名成员中，能够定期参加活动的人约在四五十人左右。平时一般都是每个月进行两次练习，逢长崎灯会等大型节日时，都会提前两三个月进行练习，演出主要都是直接从市政府观光部接受委托。道具都是在演出的时候向市政府借来的。目前的成员不仅包括来自旅游行业的成员，也包括志愿参加的市民群体。

（3）十善寺唐人龙舞会（现十善寺龙舞保存会）

十善寺唐人龙舞会开始于1989年，但龙舞会的正式成立却是在1993年11月。1989年长崎举办"旅之博览会"时，作为其活动之一，在新地中华街举行大型婚礼活动，担任此次活动组织者的是新地中华街青年会的成员。中华街附近的十善寺地区自治会的青年会提议在婚礼上表演龙舞，并从长崎孔子庙借来了展览用的龙，聚集了20多人，通过录像等形式学习舞龙，之后在博览会上进行了演出。然而，之后的一段时间十善寺地区的经济不断衰退，人口外流严重，使得龙舞会一时人员减少，练习基本呈现停滞不前的状态。但是，龙舞队对舞龙仍抱有热情的部分年轻人并不气馁，他们认真学习十善寺、唐馆等龙舞的历史，由此得知十善寺就是原唐馆旧址，也就是长崎龙舞的发祥地。于是，他们在1993年成立了十善寺唐人龙舞会，成员有24人。龙舞会成立以后，有几位志愿者出资，通过孔子庙购买了乐器。为了让下一代继承十善寺龙舞，他们将乐器交给了十善寺的孩子们演奏。1995年，利用积累下来的演出费，制作了十善寺自己的龙具，并在兴福寺举行了入魂仪式。目前该会拥有会员160余人，会员不仅限于长崎，分布日本全国各地。当龙舞会在县外出场表演时，也会邀请该地区的会员加入他们的行列。

（4）学校法人·鹤鸣学园的长崎女子高中龙舞队

学校法人·鹤鸣学园的长崎女子高中龙舞队成立于2003年，其技术指导为十善寺唐人龙舞会的成员，同时也是长崎女子高中的职员。龙舞原本是不允许女人介入的，所以女子高中龙舞队成立时，曾遭到来自周围的反对和批评。但是，女子高中龙舞队克服了这些问题，并从最初成立时只有4名成员的小组，发展成为拥有60名左右成员的团体，每学年约有20名学生参加。在龙舞队，学生们不仅学习龙舞，还学习传统的礼仪和文化。在成立近20年的时间里，经历过龙舞体验的毕业生已达300多人。女子龙舞队的龙体是以红色为基调，在长崎是独一无二的。选择红色是十善寺唐人龙舞会会长的提议，据他说，这不只是因为她们是女孩的缘故，主要是基于中国的阴阳哲学思想，即长崎女子高中位于长崎市南部，而五行中代表南方的颜色是红色，红色还有吉祥幸福的寓意。目前，女子龙舞队已经成为长崎地域文化活动中不可或缺的一部分，据说每年都有越来越多的学生因渴望加入龙舞队而选择报考长崎女子高中。龙舞作为一所高中的活动，能够融入当地社会并不断取得发展，与包括 PTA（长崎公立中小学学生家长和教师协会）在内的当地的各种社会团体的支持与合作，特别是十善寺唐人舞龙会的大力支持是分不开的。

图 3　长崎女子高等学校舞龙部表演的龙舞　（笔者摄于 2020 年长崎灯节）

上述的这几支龙舞队活跃在以长崎为中心的九州，以及日本全国各地的文化活动中，是长崎灯会等各种节日活动中不可缺少的表演项目。龙舞的传承和普及是深深植根于积极接受外来文化并不断发展的长崎历史文化的土壤中，并与当地的祭祀、旅游活动息息相关。龙舞作为长崎地域的一种文化资源，对学校教育、文化传承、旅游推广以及地域振兴都做出了重要贡献。

二、长崎杂拌面（chanpom）

在日本提到长崎，很多人都会想到长崎杂拌面，长崎杂拌面作为长崎的中餐和地方料理在日本非常出名。那么长崎杂拌面是怎样诞生又是如何普及到日本全国各地的呢？下文将对这一问题进行考察。

（一）四海楼与长崎杂拌面的历史

长崎杂拌面是 1899 年在长崎首创的中国餐厅"四海楼"的主人陈平顺开发，现在该餐厅由同家族第四代的陈优继一家经营。

第一代陈平顺，1873 年出生于福建省福清。当时与陈家有渊源关系的益隆号在长崎新地经营着大规模的砂糖贸易，1892 年陈平顺借此关系从福建渡海来到长崎，之后从未回过福建。据说，当时的长崎虽然有一些大的贸易商，但多数华侨从事的还是"三刀业"（三刀指菜刀、剪刀和剃刀，分别代表餐饮、裁缝和理发三个行业）。陈平顺最初在长崎从事流动商贩的工作，从保证人处借钱，用两轮拖车装着货物四处行商。七年后，陈平顺与三个朋友一起租借了广东会馆的房屋，创办了四海楼最早的店面。29 岁时，便一人独自经营。当时，在长崎有很多留学生，陈平顺经常为来到长崎的华侨和留学生做保证人，并提供照顾。当时居住在长崎的一些华侨生活并不宽裕，留学生的生活更加艰苦。深知留学生生活艰辛的平顺，为了给他们提高饮食营养和在外生活的勇气，用传统的猪骨汤和长崎近海出产的海产品及豆芽、卷心菜等做材料，将福建的"肉丝汤面"改造成价廉物美的长崎杂拌面，早期被称为"支那餛飩（udon）"。

Chanpom（ちゃんぽん）一词在日语中意为掺和[①]，是江户时代出现的词语，语音起源于中国的乐器钲的"呛"和鼓的"嘭"。[②] 而长崎 chanpom 的来源，有其不同的说法。按照四海楼第四代经营者陈优继的解释，是来自于福州或闽南方言中吃饭的发音，即 sepon（福州语）或 japon（闽南语）。因为饮食对于华人来说是极为重要的事，见人时常用"吃饭了吗"做寒暄语。在印度尼西亚和马来西亚也有叫作 campur 的料理，日本冲绳也有一种炒菜叫

[①] 新村出编：《広辞苑（第 3 版）》，岩波書店，1990 年，第 1556 页。
[②] 前田富祺：《日本語源大辞典》，小学館，2005 年，第 75 页。

chanburu，这些菜饭不仅名称和发音与 chanpom 极为相近，且其将多种材料掺和在一起的烹饪方法亦相同。可见 chanpom 一词显示了长崎与东亚东南亚交流史上的互动关系。但究竟有何关联，还有待今后考证。

（二）长崎杂拌面的地域化

分量充足、物美价廉的杂拌面不仅受到当时留学生的欢迎，同时很快在华人居住区普及，并且得到长崎本地人的认可。据陈优继讲，当时开杂拌面店的店主都曾在四海楼做过学徒，那时在外吃饭的习惯尚未普及，外卖是普通的形式。四海楼制作外卖用的道具，并将其传授给其他的杂拌面店。当时的四海楼悬挂的招牌上写有"支那料理四海楼餛飩元祖"的字样，这里的"餛飩"在日语中是乌冬面的意思，可以推测当时还没有 chanpom 这一词，杂拌面曾被称为乌冬面。另外，1905 年 12 月 25 日，长崎《东洋日之出》报纸刊出了题为"四海楼的台湾艺伎"的报道，从报道中可以看出当年前来四海楼食用杂拌面的客人络绎不绝的景象。报道内容如下：

> 广马场的支那料理店四海楼最近来了几位从神户路经长崎回台湾的台湾艋舺艺伎，她们是领头人（53）、艺伎扬爱珠（19）、唐爱珠（19）、扬桥玉（15）、陈阿惜（15）、叶爱玉（15）、叶金柜（14）、林玉凤（14）、蔡爱连（13）八人，滞在期间日夜在楼上演奏其拿手的各种音乐，而且只要支付一定的艺伎费，便可叫来侍奉席间左右。因此，四海楼近来有很多<u>支那面条</u>的顾客前来观看，好生热闹。①

1907 年发行出版的《长崎县纪要》中，以"为书生喜好的料理——Chanpom"为题，介绍了杂拌面受到学生欢迎的情形。四海楼开业后的 8 年间，在长崎市内已有十几家杂拌面店，大部分是华人开的。② 当时一碗杂拌

---

① 陳優继：《ちゃんぽんと長崎華僑》，長崎新聞社，2009 年，第 42—43 页。下划线引者所加。
② 第二回関西九州府県聯合水産共進会長崎県協賛会編：《長崎県紀要》，1907 年，第 257 页。

面的价钱是四钱到五钱，而根据《价格史年表》记载，同一时期一个面包的价钱大概是十钱①，即一碗杂拌面比一个面包便宜近一半，这也许是杂拌面能受到长崎的华人和地域社会欢迎的主要原因。1909年4月5日《东洋日之出》以"长崎的名物名产"为题的报道中，称杂拌面为简单便宜的长崎特产之一。另外，1914年发行的《长崎指南》中，将杂拌面作为最流行的长崎特产进行介绍，并将杂拌面写进歌谣中。

《长崎论丛》（22辑）中，也有如下记载：

> 杂拌面不仅在支那语中不存在而且也鲜为支那人所知，将馄饨（面条）写为银丝细面或面等，其做法是长崎所特有的，是在支那各地找不到的……可以认为杂拌面的做法来源于福建，后变化为一种特有的珍品。②

以上的叙述表明，1900年代初杂拌面已经为长崎地域社会所认同，1920年代至1930年代，杂拌面已经遍布于长崎各地。正如《长崎论丛》（22辑）中所述，杂拌面既不是汉语也不为国人所知，是中国见不到的长崎特有的珍品。杂拌面在长崎地域的本地化，不仅与四海楼的师徒关系网络有关，与当时长崎社会大众的饮食习惯亦不可分。

"二战"后，作为长崎中餐馆的头牌菜，长崎杂拌面逐渐演变为长崎乡土特色菜和旅游资源，出现了更多由日本人经营的专卖店，在日本有较高的知名度。慕名前来光顾元祖四海楼的除了一般的本地客和外来旅游者以外，还有日本各界知名人士，其中包括昭和天皇的兄弟和太子以及挪威国王哈拉尔五世及夫人等。③ 可以推测，长崎杂拌面在全国普及之前，已经地域化，并在日本有了一定的知名度。

---

① 週刊朝日編：《値段史年表 明治・大正・昭和》，朝日新聞社，1988年，第97页。
② 長崎史談会編：《長崎論叢》（22輯），藤木博英社，1938年，第65页。
③ 陳優継：《ちゃんぽんと長崎華僑》，長崎新聞社，2009年。

（三）长崎杂拌面在日本全国的普及

与长崎杂拌面的普及有直接关系的是长崎滨胜餐厅。滨胜餐厅是由日本商人米滨豪及其兄弟几人创建的。米滨一家出身于日本鸟取县，父亲在旧满洲被日占领时期，将豪托付给祖父母，随开拓团去中国东北做生意，所以除了长子豪以外，其他兄弟姐妹5人都是出生在中国东北。米滨豪为了寻找商机，20岁时独自一人来到大阪，先是在一家卖酒的小店做了一年学徒，后投奔东京同乡，在一家衣料杂品廉价贩卖公司工作。此后，被派到京都和姬路等地，1954年以支店长的身份来到长崎。1959年豪决定自己创业，在长崎开了一家酒吧。酒吧的生意很好，之后将自己的兄弟们也叫到长崎。

酒吧的生意尽管不错，但是豪想到这种以夜间工作为主的酒吧生意终究不是长久之计。与此同时，豪与其兄弟有机会参加了商界为饮食服务行业的经营者们举办的讲演会，他们通过参加商界举办的各种讲演活动，不仅学到了各种经营知识和理念，而且也建立起广泛的社会网络，为日后企业的成功打下了基础。

长崎是日本最早接受外来文化的地方，不仅是中国文化也包括西方文化。日本最早的西餐店就开在长崎，长崎很早就开始有吃西餐的习惯，炸猪排是长崎人也是日本人喜爱的料理之一。1962年，豪以及兄弟们开了滨胜猪排店。1968年，米滨兄弟又开了一家具有长崎乡土特色的"卓袱料理"专门店"乡土料理别馆滨胜"。"卓袱料理"是江户时代伴随唐人贸易从中国传到长崎的日本式的中国宴席菜，也被称为长崎的乡土菜。

1970年世界万国博览会在大阪举办后，外来饮食行业发生了新的变化。博览会的美国馆中展示的美国式中央厨房（用于集体供给饮食等的中央集中型的烹调场所）及现场表演的肯德基炸鸡块等得到好评，并给日本的饮食行业带来了很大的影响。1971年起，美国的连锁店云雀餐饮（skylark）、奥乐多（合家欢餐厅 all day's）、甜甜圈（mister donut）等相继出现在日本，并在日本各地进行了连锁经营。在此前后，日本相继出现了几个专门研究和培训连锁点经营者的机构，日本很多成功的经营者都在这样的机构接受过培训或受到影响。米滨兄弟也不例外，进入70年代也开始打起开连锁店的主意。他们积极参加经营培训班，并从中掌握了有关连锁店的经营和各种知识理念。

　　从客观上来看，战后日本由于战争的原因，饮食行业受到了很大的影响，而料理方法简单而又便于充饥的乌冬面、荞麦面等各式面条类，则成为一大新兴的大众饮食产业，在日本得到了迅速发展。特别是受中华料理影响，拉面在1960年代后期起成为日本人最喜爱的大众料理之一，北海道札幌拉面是早期在日本成功经营连锁店的典型行业之一。长崎独特的杂拌面成为米滨兄弟们连锁店产品开发最有力的候选。如前所述，尽管长崎杂拌面已为世人所知，是长崎人所喜爱的长崎式中国菜之一，但在其他地方却很少能够吃到。米滨兄弟用了半年多的时间，开发了自己独特的产品。1974年，在长崎店名为"长崎chanmen（ちゃんめん）"的第一家杂拌面店正式开业。当时，一般一碗长崎杂拌面的价钱是350日元，而长崎chanmen的价钱则是250日元，由于价格便宜味道独特，受到了一些当地人认可，之后在长崎市内又连开了3家连锁店。

　　米滨家族自店铺开创时起至今，遵循健康第一的经营理念，减盐、减脂、减糖，使用新鲜国产蔬菜等，打造健康品牌。1977年，相继在九州各地建立工厂开设连锁店。1978年和1979年分别在福冈和东京建立本部，并继续在各地建立连锁店。1982年，正式将企业名更改为"林格屋"（Ringer hut），其中包括滨胜卓袱料理店、滨胜炸猪排连锁店和长崎杂拌面连锁店。2020年，林格屋拥有长崎杂拌面连锁店600多家，滨胜炸猪排连锁店90多家以及长崎滨胜卓袱料理总店一家。林格屋为日本饮食产业做出的卓越的贡献使得其不仅获得了日本农林水产大臣奖，第二、三代的经营者分别在1994年和2009年获得日本最高蓝色授带奖章。

　　长崎杂拌面是发祥于四海楼的中华料理，也是逐渐本土化的乡土料理，同时还是长崎地域社会的文化旅游资源。长崎杂拌面在全国的普及以及大众化，林格屋功不可没。然而，长崎乡土料理成为地域名牌并发展为日本的大众菜普及到全国各地，更是在长崎的自然、历史和文化环境中孕育的长崎杂拌面本身的魅力的结果。

三、新的传统创造 —— 长崎灯会

长崎灯会是长崎的三大节日之一，在日本全国各地及海外都享有一定的知名度。长崎灯会是将起源于中华街及华侨传统的文化活动与地域本土文化相结合而形成的节日庆典活动，非常具有长崎地域文化的特征。

（一）新地中华街的历史

长崎新地的前身为"新地荷物藏"（新地货物仓库），作为唐馆的附属仓库，是 1702 年填海而造的。至日本开国为止，新地在贸易等方面都起到了很大的作用。在开国的同时，由于欧美诸国的进入，贸易不再是华人独占的特权，唐馆日趋衰落，于 1871 年被烧毁。随后，新地仓库被改造成店铺和住宅等，与广马场同样，一直是华人聚集的特殊地域，这一状况一直延续到 1899 年外国人市内混居的许可公布为止。

新地作为近代长崎华侨经济的母体，尽管开国后表面上比锁国时期的独占贸易情形有所消减，但华商在商业交易上仍然是胜过欧美人一筹。特别是 1871 年中日修好条规签订后，华商更是堂堂正正地进入新地，之后一些新的华商从福建省南部、广东和三江等地相继而来，在新地经营贸易。

但是，19 世纪末到 20 世纪前半期，经历了甲午战争，在新地和广马场相继发生的火灾，以及中日战争的爆发，使华侨的生活发生了很大的变化。在经济方面受到沉重打击的贸易商，大多不得不回国。而在中国没有经济基础，以从事餐饮、行商为主的来自闽北的商人，只能留在了新地。由于贸易商的退出，新地的样貌发生了改变，中国料理店和杂货店逐渐成为新地的主要店铺。从那时起，即使是中华街，也很难看到身着中式服装的华侨，华侨的住宅也和日本人没什么两样。特别是战后不久，1947 年的大火使中国式建筑尽遭破坏。并且，由于战时日本的相关政策，加速了混合杂居的进程，新地的日本人数超过了华侨。至 1960 年代，居住在新地的华侨减少至 50 户，时至今日更是减少到了 25 户以下。该地几乎丧失了中国人居住区的特色，其原因是长崎华侨总人口的减少、职业变化、事业扩展以及华侨向其他地区流动等原因所导致。

事实上，新地虽然曾经是华侨经济活动的中心，但从以往有关长崎华侨的历史文献中，几乎没有使用新地中华街这一词汇。新地正式被称为"中华街"，是在1984年。当时，新地设立了中华街商店街振兴组合，并在该街区十字路的东西南北建立起四座中华街牌楼。新地以此为契机，被称为"中华街"。此后，新地中华街便成为创造华侨新文化传统的舞台。

（二）新地中华街的复兴

自战后至1980年代初期，在新地除了面向中心区域的十字路口的几家中华料理店、杂货店和贸易公司以外，几乎看不出与其他地区不同的地方。但在1970年代，随着中日邦交正常化和国际化的推进，日本国内出现了各种各样的中日文化交流活动和复兴中国文化的举措。在此背景下，作为与中国有着悠久交流历史的观光都市长崎，打造和建设新地中华街是促进中日文化交流活动的重要一环。1984年，在新地经营商铺的华侨和日本人携手成立了"新地中华街商店街振兴组合"。中华街商店街振兴组合，是按照日本普通的商店街组合形式成立，其目的是开展各种共同事业，同时谋求社区内环境整治改善和组合成员的事业发展，增进公共福利。

新地中华街商店街振兴组合成立后不久，便在福建省福州市有关人员的协助下，修建了中华街牌楼（图4）。随后，中华街的店铺就开始了中国式的改造和增设。现在的新地中华街无论是牌楼还是建筑物都有着典型的中华街特色，成为长崎不可缺少的旅游资源。在媒体的宣传和影响下，现今中华街的游客增加到了成立时的五六倍。随着长崎的华侨社会在日常生活等方面不断受日本社会的同化，中华街自然成为了华侨民族认同的空间象征。这一文化空间的确立，同时也为新节日活动长崎灯会的创建奠定了基础。目前振兴组合有约40家店铺加盟，华人和日本人的商铺比率各半。组合的会员们大多是在同一地区出生成长，彼此间相互了解，几乎没有华侨和日本人之分的意识。2010年前后，由于一些店铺出现后继无人的情况，一些新华侨开始进入中华街。

图 4　长崎新地中华街　（笔者摄于 2020 年长崎灯会）

（三）打造长崎灯会

1986 年成为中华街象征的牌楼建成之后，为了吸引更多的游客，第二年中华街振兴组合计划并实施了以春节和元宵节为主题的庆典活动，即新地中华街的"灯笼节"。1987 年春节，新地中华街振兴组合在香港和福建订购的 400 多个灯笼，首次装饰在中华街十字路。作为庆典活动的一环，中华街振兴组合通过制作中华街样式的电话卡、提供既便宜又具有长崎特色的杂拌面等活动促销和宣传，还免费为游客提供中国式甜粥等。此外，还举行了儿童的灯笼游行，华侨侨友会组织在中华街的中心地表演狮子舞。侨友会的狮子舞表演是在新地中华街商店街振兴组合正式成立前的 1982 年开始的，春节期间通常会聚集在各华侨店铺前进行"采青"活动，庆祝节日。

打造灯笼节有两个主要原因：第一，冬季是长崎旅游的淡季，来长崎旅游的客人较其他季节为少；第二，华侨的第二代和第三代对于中国的风俗习惯和传统文化全然不知，他们希望通过灯笼节重新认识和继承中国的传统文化。以 1990 年的"旅之博览会"为契机，"灯笼节"的规模逐年扩大，中华街附近的凑公园亦被作为活动的会场使用，节日期间在凑公园设置了祭坛，除侨友会的狮子舞表演外，还有幼儿园孩子们的舞龙和舞蹈，另外还有本地各种乐队的演出。这些活动都成为现在长崎灯会的主要内容。

在灯笼节活动中，新地中华街的人们集思广益，众志成城，目的就是将作为他们自己的节日的灯笼节办得更好。对于从很早起就居住和工作在同一地区，互相相识了解的他们来说，没有中国人和日本人之分，只有一起同甘共苦的同一地域人的意识。通过灯笼节，华侨们得以重新确认自己的认同并复兴祖先的文化，而当地的日本人则成为地域文化的共有者，双方合作在力图推动地域社会发展的同时，各自得到经济上的利益。

至 1993 年为止，中华街举办了 7 届灯笼祭，收到了良好的经济和文化效果。因此也引起了地方政府的重视，并正式将春节祭作为以观光产业为经济基础的长崎城市发展战略之一，由政府投资并直接参与计划和执行。由此，中华街小小的春节庆祝活动被扩大成为全市的节日——长崎灯会。长崎市自 1571 年开港以来，是在与外国经贸、文化交流中发展起来的都市，市内保留着很多古迹和观光胜地。特别是令人回想起昔日与中国之间交流的唐馆遗迹、眼镜桥、崇福寺、新地中华街等，每年都吸引着众多的游客。但 1990 年后，长崎的旅游业一直处于低迷状态。特别是冬季，游客数量只占到作为旅游旺季的春季和秋季的一半左右。冬季如何吸引更多的游客，成为振兴长崎市观光业的一个重要课题。在这一背景下，新地中华街的灯笼节被提到日程上来，又因为灯笼节与长崎市一直在推动的"夜光城"计划以及长崎商工会议所提倡的"光之街——长崎"这一主题相符，灯笼节成为振兴长崎冬季旅游观光业的重要旅游文化资源。

在推进长崎灯会的过程中，在资金方面，市的辅助资金占主要部分，剩余不足部分由各个企业和相关商店街赞助。长崎市为灯会拨款也在逐年增加，从 1994 年的 2500 万日元增长到 2013 年的 1 亿日元。在经济效果方面，也从 2000 年的 28 亿发展到 2013 年的 95 亿左右。灯会期间来访者也从 1994 年的 15 万人达到 2013 年的 100 万人左右。至 2018 年春节，游客的人数一直保持在 90 万以上。可见长崎灯会已经成为长崎地域经济发展的重要一环。目前长崎灯会不仅成为装饰长崎冬天的一道风景线，而且被列为日本全国有名的民俗节日之一。

长崎灯会的主要特色是在"在长崎中重新发现异国 CHINA"这一概念下，整个城市的灯笼以红、黄、粉为基调来渲染异国风景。装饰用的灯笼由当初中华街的几百个，增加到1998年的12000个，2013年超过了15000个，同时，装饰的范围每年都在不断扩大。其活动内容也随之增加。长崎灯会的主要活动内容有市内主要街道和商店街灯笼的装饰、庆典演出活动、小吃摊位。另外，还有市民们参加妈祖队列出巡、皇帝巡游、手工龙灯展览等等。长崎灯会的第一天，举行点灯仪式。在仪式上，有长崎市长、中国驻长崎领事馆领事、商公会议所会头等政府和企业的各界人士出席。仪式也有祈求平安的祝愿，在祈求平安的仪式结束以后，市长、领事、长期灯会实行委员会委员长等登台致辞，进行倒计时后，烟花和爆竹齐鸣，随后便是狮子舞表演。

长崎灯会自1994年规模扩大以后，开始追求文化的正宗性，忠实于中国春节原本的传统观念。从1998年开始，长崎灯会的时间按照中国的春节和元宵节习俗，固定在旧历正月初一至十五期间举行，并延续至今。不过，这里需要注意的一点是，长崎灯会也并不是完全照搬华侨（中国人）的传统，而是也结合了城市建设与旅游新理念，是在日华侨与日本人携手共同创造的

图5 儿童们的狮子舞 （笔者摄于2020年长崎灯会）

地域"新传统"。在这一文化活动中，将具有 400 年的长崎华人华侨社会的历史文化和长崎地域史有效地融合，形成了全新的地域观光旅游资源。同时，这一活动作为长崎特有的文化记忆，成为中日文化友好交流的象征。

结语

本文通过舞（龙舞）、食（长崎杂拌面）、节（长崎灯会）三个代表性事例的考察，沿着文化交响曲的乐谱追寻了中国传统文化（华侨传统文化）是如何在长崎这一地域被接受、发展和创造的过程，这一过程也能折射出地域历史形成的轨迹。从上述的事例中不难看出，地域社会与异文化（中国文化）宛如交响曲一样，相互交织融合为一体，这种文化的复合性与多样性是长崎地域社会具有的特征。在这一特征中，蕴含着长崎在历史上与海外、特别是亚洲及中国文化交流的历史积淀。这些历史积淀中的舞、食、节等中国文化在与长崎这一地域的相互作用下，经历了异文化的接受、变迁、本土化及大众化的转变，这一过程中形成的新文化作为独特的地域象征被认知和传承。

日本近代化中的华侨
——福建籍吴服行脚商与日本农村社会

张玉玲[*]

摘 要 以往的华侨研究多着眼于横滨、神户等华侨比较集中的城市地区，并把他们当作中国社会文化的一部分，重点探讨他们的"异质性"。在有关日本的农村研究中，华侨也几乎未被提及过。鉴于此，本文着眼于19世纪末至20世纪中叶在日本各地农村贩卖布料的行脚商，将其生计、生活在内的生活实践的诸方面，还原到作为"生活世界总体"的日本地域社会这一语境中重新解读，并对日本社会进行分析。通过了解日本近代化过程中华侨与日本农村社会及村民的多重关系，获得考察今日日本社会多元的民族、文化状况的线索。

关键词 福建籍吴服行脚商；近代产业的兴隆；日本农村惯习；国民国家

---

[*] 张玉玲，日本南山大学外国语学部教授、南山大学人类学研究所研究员（名古屋466-8673）。

一、问题所在

（一）关于福建籍吴服行脚商

19 世纪末，日本明治政府撤销外国人居留地政策并颁布内地杂居令，允许外国商人在长崎、函馆、横滨和神户等开放港口之外居住并进行商业活动。此后，更多的中国人涌入日本各个地区，其中来自福建省福清地区从事吴服行脚商的华侨居多。

至 1960 年代，在百货店、超市以及各种小商店出现于日本大街小巷，出门购物成为人们的主流消费方式之前，行脚商，也就是货郎，各自背着自己的专卖，譬如药品、布料、鱼等生活必需品，行走于各地的村庄，成为村庄里再自然不过的一道风景线。战前移居日本的福清人大多从事吴服行脚商。吴服指的是和服布料，一直到第二次世界大战结束后相当长的一段时期，日本大多数人日常穿和服，而且多数都是买布料量身制作。日本人中也有女性从事吴服行脚商，但华侨通常是青壮年男子，他们背着裹着和服布料的包袱，挨家挨户贩卖。本文为了强调他们挨家挨户的贩卖和服布料的方式，从而突出这一特定历史文化条件下的群体，采用"吴服行脚商"这一称谓。

（二）有关福建籍吴服行脚商的先行研究

有关 19 世纪末福清籍华侨移居日本以及从事行脚商的历史文化原因，许淑真（1989）通过分析江户时代长崎对中贸易中的福建籍船员的地位和作用以及明治中期内地杂居令颁布后的劳动移民法的有关行脚商的法规，指出劳动移民法为行脚商移居日本提供了法律依据，而江户时代福清籍船员在船只停泊期间背着绸缎、麝香等轻量货品在长崎市内沿街贩卖的经验以及由此形成的人际网络却成为内地杂居令颁布后，福建籍华人排除其他地区华侨而独占布料贩卖行业的历史及文化要因。[1] 茅原圭子与森栗茂一对数名居住于

---

[1] 許淑真：《日本における福州幫の消長》，《摂南学術.B，人文科学・社会科学编》1989 年第 7 期，第 59—77 页。

北海道、京都、长崎、熊本和大分的曾经有过行脚商经验的福清籍华侨访谈，首次比较详细地描述了行脚商们卖布的情形。① 张国乐（2010）在其博士论文中通过曾在京都做批发商的华侨所留下的账簿及对后人的访谈，详细勾勒出了行脚商的生活以及商业活动与血缘、地缘网络之间的密切关系。② 笔者也自 2013 年起开始系统地调查福清籍华人及祖籍为福清的华人和日本居住地的关系，以及基于地缘、血缘的跨国网络。其中重要的一环就是通过几组家族志的分析，对战争期间居住于中小城市以及乡村的福清籍行脚商的生计、生活、移动以及华人社区形成进行的实证研究。③

上述研究通过对福清籍华人的移居与经济活动的考察，强调了地缘、血缘（同乡同族）网络的作用，在以往华侨研究基础上有了新的拓展。但是，这些研究都限于对华侨的主体研究，而不曾关注福建籍华侨居住并进行商业活动的空间及对象，即日本近代化过程中的农村社会与村民。譬如当时日本的农村为什么会吸引众多的福建籍华侨进入当地挨家挨户地贩卖布料？村里农民处于什么样的境遇？华侨与村民们的关系又如何？这些问题不仅对了解当时福建籍行脚商的状况有必要，在分析战后日本各个地区的华侨社会的再建构以及华侨认同上也是不可或缺的。华侨，不仅是离开母国后在社会文化方面不断变容的"异质的"集团，更是在某地的"居民"之一，要进行某种经济活动维持生活，因此我们有必要把华侨还原于作为他们生活基础的日本社会这一语境中进行分析考察。

（三）日本民俗学对于"多元文化"的关注

更重要的是，通过从华侨这一"他者"的角度来审视日本社会的近代

---

① 茅原圭子、森栗茂一：《福清華僑の日本での呉服行商について》，《地理学報》1989 年第 27 号，第 17—44 页。
② 張国楽：《日本における福清呉服行商に関する研究》，神戸大学大学院博士学位論文，2010 年。
③ 張玉玲：《日中戦争下の華僑の暮らし——ライフヒストリーとドキュメントから見た『生活者』としての華僑像》，《アカデミア》（人文・自然科学編）2020 年第 20 号；《地方における華僑コミュニティの形成と展開——熊本在住華僑の生業と暮らしの民族誌》，《アカデミア》（人文・自然科学編）2021 年第 23 号。

化，可以重新整理并解释当今日本社会以及日本文化多元化的系谱。理由如下，长期以来"日本社会"被解释为"日本人"的"一元化"的社会，而中国人、朝鲜人等定居日本的外国人一直被单纯地视为"外人"，到最近一二十年虽开始导入"族群"概念来分析，但也是作为"日本"或"日本人"的对立概念来定位，似乎两者永远是互相独立的，在地理上心理上都存在着不可逾越的界限。

在 20 世纪后诞生的日本民俗学以及文化人类学中，以日本地域社会或农村为研究对象的著作很多，如宫本常一的《忘れられた日本人》及《生きていく民俗》[1]，John F. Embree 的 *Sue Mura: A Japanese Village*[2] 等，这些研究各从不同角度描述了日本近代化过程中的农村的变化，但是它们都很少提及华侨。在很长一段时期，华侨并没有成为日本民俗学的研究对象，原因之一在于日本这个时期处于国民国家形成时期，华侨不仅不是日本社会的成员，而且在"日本人"这一国民意识形成过程中只是作为不可或缺的"他者"被描述。关于民俗学研究史中的在日朝鲜人以及华侨的存在，岛村恭则有如下评述："日本民俗学一直把研究对象限制在所谓的'日本国民'、'日本人'，而把包括在日朝鲜人在内的'他者'排除在外，这是由于日本民俗学与国民国家的意识形态有着密切的关系。"[3] 另一方面，岛村在整理了战前关注多元文化的日本民俗学研究成果基础之上[4]，指出日本民俗学的研究对象可以扩展到在日朝鲜人以及跨国移动的日裔的世界，从而发展为"多元文化主义民俗学"。[5]

鉴于以上有关华侨研究与日本社会研究互不通气的状况，本文将把福清

---

[1] 宫本常一：《忘れられた日本人》，岩波書店，1984 年；《生きていく民俗》，河出書房，1965（2012）年。

[2] John F. Embree, *Sue Mura: A Japanese Village*, Black Star: New York, 1939.

[3] 岛村恭则：《〈在日朝鲜人〉の民俗誌》，《国立歴史民俗博物館研究報告》2001 年第 91 集，第 763 页。

[4] 这些成果包括"二战"前柳田国男的"山人论"，折口信夫关于流浪宗教者以及被差别民的研究（折口信夫：《ごろつきの話》，《折口信夫全集 3》，中央公論社，1975 年），战后宫田登的地域民俗学（宫田登：《原初的思考》，大和書房，1974 年）。

[5] 岛村恭则：《多文化主义民俗学とは何か》，京都民俗学会编《京都民俗》，1999 年，第 17 页。

籍吴服行脚商的生计及生活实践的诸个方面还原到日本农村社会这一生活总体中，从一名地域居民的视角来解读分析当时华侨的生计和生活，以及从中投影出来的日本农村社会。

二、福清籍行脚商与日本农村的近代产业化

（一）江氏回忆录《生涯记》

以下，本文主要以江纪钰氏的回忆录《生涯记》为线索，从一名福建籍行脚商的视角来分析20世纪前期作为华侨居住以及商业活动舞台的农村社会的近代化。《生涯记》由江纪钰氏四子江洋龙提供给笔者，记录了江纪钰氏（以下简称江氏）1920—1930年近10年的经历和见闻。具体而言，江氏于1920年移居日本福冈县，跟着行脚商的姐夫见习数月后，便开始独自贩卖吴服。1930年前后他移居栃木县足利，开始吴服的批发邮购生意。1950年代后期，随着日本生活方式的西洋化，和服逐渐从人们的日常生活中消失，"洋装"（即现今的一般服装）取而代之，日渐年迈的江氏也就此结束了他的吴服邮购的生意，并在闲暇之时对已扎根于日本社会的儿女们讲述自己的亲身经历。50年代后期至60年代初的几年，江氏二女洋子和四子洋龙以及五子洋虎把这些口述内容整理成文字记录下来，题为《生涯记》。文章由日语撰写，三万字左右，内容包含了江氏在福清县故乡的农村惯习、家族状况、村民关系以及来日后的各种体验和见闻，尤其是关于来日后作为吴服行脚商与姐夫、同行以及顾客之间的互动关系的描写，不仅可以了解当时行脚商的活动状况与境遇，更能由此窥视当时日本近代化过程中农村的变革与惯习。

《生涯记》里记述的江氏的经历按照年代顺序可以整理如下。1905年，江氏出生于福清县江厝村的农家，由于下南洋的伯父时不时寄钱回来，一家人过得还比较富裕。但是在江氏十岁多时，来自伯父的汇款中断，一家人生活开始窘困。1920年，父母让15岁的江氏去日本投靠姐姐姐夫打工赚钱。江氏的姐姐嫁给从事吴服行脚商的福清人，两人当时居住于福冈县糟屋郡，据说收入不菲。江氏跟随姐夫见习近半年后，开始独自一人在福冈县西部的

各村落贩卖和服布料。1925 年，江氏父母去世，江氏回乡为父母办理丧事之际，在舅舅的撮合下订婚后又重返福冈。1927 年再度返乡举行婚礼，翌年携妻子一同返回日本。夫妻俩在已搬到福冈县东乡町的姐姐家里住了一段时间后，移居到赤间村，独自贩卖布料。1930 年，夫妻俩又移居到枥木县足利开始经营共正号商店，一边继续吴服行脚商，一边开始批发邮购吴服生意，即通过邮局结汇和铁道输送，将布料批发给福冈县及各地的同乡同行们。

《生涯记》里记录的地名，譬如江氏来日后最初的居住地糟屋郡香椎村，经常去卖布的糟屋炭矿、多々良町的名岛火力发电站、宗像大社、大岛和相岛以及后来携妻子居住的宗像郡东乡町、赤间村等，皆是位于福冈县西部的乡村。我们先看一下 20 世纪初期福冈县的状况。

（二）作为生计和生活空间的 20 世纪 20 年代的福冈县

（1）福冈县最初的华侨为福建籍

1899 年日本政府颁布内地杂居令之后，福建省福清地区开始有更多的青壮年男子依靠同族和同乡纽带移居日本。此现象一直持续到战前，这种以地缘、血缘纽带为基础的福清籍华侨的网络，逐渐遍布日本各地，而九州，特别是在扶助初来乍到的同乡方面长崎的华侨起到重要作用。当时几乎所有移居日本的福建籍华侨在长崎港登陆后，都依靠先来的同乡提供吃住甚至介绍工作，收集各种信息。安稳下来后，一部分人留在了长崎，而更多的人南下九州各地或东进本州、四国，甚至北上至北海道去开辟新天地。

1895 年的福冈县统计书中首次出现了一名中国人居住登记[①]，据推测这名中国人是福建省福清县塘北村出身的张加枝。加枝在 1895 年移居福冈之前，在长崎的同族人加坚经营的贸易公司益隆号看了几年仓库，也做过一些贸易杂务。在福冈，加枝与日本女性结婚后，从事吴服生意，同时也做贸易。1909 年夫妻两人开了一家中餐馆福海楼（后来改名福新楼）。与长崎益隆号一样，加枝与其子兆明和他们经营的福海楼，在后来很长一段时期也成为众

---

① 福岡県：《福岡県統計書》，1912（明治 28）年版。

多登陆长崎港的同胞的落脚之处。①《生涯记》里也提到江氏来日后赴姐姐家途中在长崎益隆号和久留米的同族人家里住宿落脚，也提及江氏曾写信给福冈张加枝请求安顿刚到日本而自己却暂时不能照顾的亲戚。

（2）福冈华侨人数的增加

与其他非开放港口地区一样，来福冈的中国人在杂居令颁布以后开始慢慢增加，在日俄战争后的1906年及第一次世界大战后明显增加，并于中日战争爆发之前的1936年达到最高峰的910人，其中城市570人，农村370人（详见表1、表2）。同年在日华侨总数为27090人，除去几处华侨集中居住地，譬如兵库县4744人、大阪府2863人之外，910人并非一个小数字。

福冈县中国人口分布特征有两点，一个是随着新城市的不断诞生，城市的华侨人口不断增多。另一个是几乎每个郡都有中国人居住，而其中邻接煤矿的铁道沿线地区最为集中。煤矿、铁道等日本近代产业的发展，吸引了众多的中国人移居。

表1　福冈县各城市居住中国人数变迁

年	福冈	门司	久留米	小仓	若松	八幡	户畑	大牟田	直方	饭塚	全市小计	全郡小计	总计
1895	1	—	—	—	—	—	—	—	—	—	1		1
1899	3	—	—	—	—	—	—	—	—	—	3		3
1900	5	—	—	—	—	—	—	—	—	—	5		5
1901	3	13	1	—	—	—	—	—	—	—	17		19
1902	—	—	—	—	—	—	—	—	—	—	不明	不明	22
1903	—	—	—	—	—	—	—	—	—	—	不明	不明	41
1904	—	—	—	—	—	—	—	—	—	—	不明	不明	22
1905	5	—	—	—	—	—	—	—	—	—	5	18	23

① 張玉玲：《地方における華僑コミュニティの形成と展開——熊本在住華僑の生業と暮らしの民族誌》，《アカデミア》（人文・自然科学編）2021年第23号，第110—112页。

续表

年	福冈	门司	久留米	小仓	若松	八幡	户畑	大牟田	直方	饭塚	全市小计	全郡小计	总计
1906	9	10	—	—	—	—	—	—	—	—	19	22	41
1907	28(5)	10(1)	—	—	—	—	—	—	—	—	38(6)	25(2)	63(8)
1908	27(2)	15(2)	4	—	—	—	—	—	—	—	46(4)	25(3)	71(7)
1909	20(2)	21(3)	4	—	—	—	—	—	—	—	45(5)	20(3)	65(8)
1910	44(8)	20(2)	(2)	9	—	—	—	—	—	—	73(10)	27(3)	100(14)
1911	26(3)	35(4)	2	9	—	—	—	—	—	—	72(7)	60(12)	132(19)
1912	23(4)	51(8)	1	9	—	—	—	—	—	—	84(12)	57(8)	141(20)
1913	27(4)	43(11)	—	9	—	—	—	—	—	—	79(15)	72(10)	151(25)
1914	21(7)	74(22)	2(1)	10	20(4)	—	—	—	—	—	127(34)	43(5)	170(39)
1915	20	61	1	5	20	—	—	—	—	—	107	99	206
1916	64	65	—	8	8	—	—	—	—	—	142	65	207
1917	30	68	3	4	17	—	23	—	—	—	145	119	264
1918	66	61	6	8	32	—	12	—	—	—	185	75	254
1919	43	62	7	10	42	—	25	—	—	—	189	114	303
1920	32	62	17	10	36	—	17	—	—	—	177	133	310
1921	28	74	24	2	36	—	18	—	—	—	182	245	427
1922	49	88	21	13	32	7	44	—	—	—	254	210	464
1923	64	82	33	3	24	28	31	—	—	—	260	169	429
1924	60	93	52	11	17	5	2	95	—	—	301	95	396
1925	63	107	69	2	19	6	21	29	—	—	316	156	472
1926	61	111	73	5	16	12	13	15	—	—	313	181	494
1927	55	89	78	6	16	11	17	20	—	—	292	228	520
1928	55	81	85	8	15	10	18	11	—	—	278	282	557
1929	55	89	78	9	17	10	30	10	—	—	303	278	581
1930	45	112	80	33	17	12	10	11	—	—	320	339	659

续表

年	福冈	门司	久留米	小仓	若松	八幡	户畑	大牟田	直方	饭塚	全市小计	全郡小计	总计
1931	52	101	62	14	21	11	46	18	—	—	345	159	504
1932	54	103	60	10	19	21	10	11	48	34	370	123	493
1933	51	125	59	7	16	16	25	11	28	27	365	161	526
1934	50	27	96	30	15	11	32	9	27	40	337	213	650
1935	63	143	125	35	15	17	32	8	24	41	504	267	771
1936	65	159	153	36	20	17	33	12	18	57	570	340	910
1937	64	109	56	21	11	20	4	13	17	9	314	164	478
1938	69	83	33	19	11	22	10	18	22	1	293	127	420
1939	52	88	30	20	12	18	7	20	23	1	271	134	405
1940	56	73	36	26	12	22	6	17	18	3	127	269	396

注：根据『福岡県統計書』(明治 28（1895）年～昭和 15（1940））年数据编制。（ ）内为女性人数，1915 年以后取消男女区分。

另外，根据日本政府大正 9 年的人口普查，江氏初到日本的 1920 年，日本"内地人"有 55,884,992 人，"殖民地出身者" 42,492 人（其中朝鲜人 40,755 人、台湾人 1,703 人、桦太人 31 人、南洋人 3 人[1]），以及"外国人" 35,569 人。外国人中，中国人占 22,427 人，分布在神奈川县（5,911）、兵库县（4,993）、东京（3,478）、大阪（1,704）、长崎（1,251）、静冈（1,229）、福冈（659）以及其他地区。其中，在日本各地从事布料、制服类贩卖的中国人有 1,978 人。[2] 其绝大多数是福建人。可见江氏初来日本时，日本已经呈现民族、文化的多元景象。

---

[1] 一战期间，日本作为联合国一员占领德国殖民地新几内亚，1922 年签订《凡尔赛条约》后，对新几内亚正式开始"委托统治"。这里的"南洋人"指的即是新几内亚出身者。

[2] 政府统计的统合窗口 e-stat:《大正 9 年国勢調査》，详见 https://www.e-stat.go.jp/stat-search/files?page=1&layout=datalist&toukei=00200521&tstat=000001036875&cycle=0&tclass1=000001036876&tclass2val=0。

日本近代化中的华侨 101

表 2 福冈县各郡（农村）居住中国人口变迁

年	糟屋	宗像	远贺	鞍手	田川	丝岛	筑紫	嘉穗	早良	浮羽	八女	京都	山门	三井	企救	筑上	朝仓	三潴	三池	全郡小计	全市小计	总计
1901	—	—	2	—	—	—	—	—	—	—	—	—	—	—	—	—	—	—	—	2	17	19
1905	—	—	11	—	—	—	—	—	—	—	—	—	4	—	—	—	—	—	—	18	5	23
1906	—	—	9	5	2	—	—	1	—	—	—	—	4	—	—	—	—	—	—	22	19	41
1907	—	—	13	—	3	—	—	1	—	—	—	—	5(2)	—	—	—	—	—	1	25(2)	38(6)	63(8)
1908	—	—	7	5(2)	5	—	—	1	—	—	—	—	5(1)	—	—	—	—	—	—	25(3)	46(4)	71(7)
1909	—	—	4	4	7	—	—	1	—	—	1	—	5(1)	—	—	—	—	—	1	20(3)	45(5)	65(8)
1910	—	—	7	4	5(2)	—	—	2	—	1(1)	—	—	5(1)	1	—	—	—	—	1	27(4)	73(10)	100(14)
1911	—	—	20(3)	13	7(2)	—	4(1)	2	—	1(1)	—	—	5(2)	—	—	—	—	—	1	60(12)	72(7)	132(19)
1912	—	—	23(3)	10	14(5)	—	4(1)	2	—	—	—	—	5(1)	1(1)	—	—	—	—	1	57(8)	84(12)	141(20)
1913	—	—	14(2)	20	10(2)	—	—	2	—	—	—	—	5(1)	1	—	—	—	—	7	72(10)	79(15)	151(25)
1914	4	—	—	20(2)	10(2)	2	11(5)	2	—	—	—	—	5(2)	—	—	—	—	1	1	43(5)	127(34)	170(39)
1915	8	—	21	21	9(1)	1	17	2	—	—	—	—	5	—	—	—	—	1	12	99	107	206
1916	5	—	—	18	11	5	—	2	—	—	—	—	—	2	—	—	—	—	20	65	142	207
1917	3	—	11	38	13	5	27	2	—	—	—	—	—	—	—	—	—	—	—	119	145	264
1918	3	—	1	46	32	5	—	—	7	—	—	—	1	—	3	1	—	—	—	75	185	254
1919	9	5	—	46	12	3	33	4	—	—	—	—	1	1	1	—	—	1	—	114	189	303
1920	15	3	32	24	8	3	36	5	—	—	—	11	—	1	—	—	—	2	—	133	177	310
1921	62	3	46	16	6	3	27	5	8	—	—	12	4	13	15	—	—	3	—	245	182	427

102　日本人文社会研究（第一辑）

续表

年	糟屋	宗像	远贺	鞍手	田川	丝岛	筑紫	嘉穗	早良	浮羽	八女	京都	山门	三井	企救	筑上	朝仓	三潴	三池	全郡小计	全市小计	总计
1922	34	9	42	21	16	9	22	9	8	—	—	14	4	20	—	—	—	1	1	210	154	464
1923	32	8	34	16	17	7	—	15	9	1	—	14	—	13	—	—	—	2	1	169	160	429
1924	9	9	15	13	5	10	—	4	11	2	—	16	—	—	—	—	—	1	—	95	301	396
1925	29	13	14	17	6	10	—	13	12	18	—	19	1	2	—	1	—	1	—	156	316	472
1926	35	13	17	9	8	8	—	13	12	19	—	23	—	—	—	1	—	1	21	181	313	494
1927	45	12	21	15	12	15	—	16	13	21	—	29	20	—	1	1	—	1	5	228	292	520
1928	58	18	19	17	12	18	12	28	13	22	12	33	15	—	2	1	—	1	—	282	278	557
1929	42	10	22	14	13	17	31	25	15	23	12	38	14	—	—	1	—	1	—	278	303	581
1930	37	12	21	60	12	16	13	38	27	14	19	52	12	1	—	3	—	1	—	339	320	659
1931	43	11	16	—	1	9	—	24	26	8	18	—	2	—	1	—	—	1	—	159	345	504
1932	—	8	—	—	—	10	—	—	15	13	21	37	—	—	—	—	—	1	—	123	370	493
1933	35	8	12	—	—	19	—	—	6	17	21	38	—	—	—	2	1	1	—	161	365	526
1934	51	6	14	1	—	24	2	—	8	25	38	34	—	—	—	2	—	—	1	213	337	650
1935	101	9	11	1	8	28	—	—	2	28	42	33	—	—	—	2	1	—	1	267	504	771
1936	127	9	15	1	16	37	—	—	9	29	53	37	—	2	—	3	—	—	1	340	570	910
1937	19	9	20	3	15	35	—	—	7	12	32	9	—	—	—	2	1	—	—	164	314	478
1938	5	8	19	—	15	63	—	—	—	—	17	7	—	17	—	2	1	—	—	127	293	420
1939	13	9	19	—	19	39	—	—	—	13	9	6	—	—	—	2	2	—	—	134	271	405
1940	9	8	19	—	19	40	—	—	—	14	11	5	—	—	—	6	—	—	—	269	127	396

注：根据『福岡県統計書』（明治28年（1895）～昭和15年（1940））数据编制。（ ）内为女性人数。1915年后取消男女区分。

（3）作为生活据点的福冈县糟屋郡

1920年，江氏来日本后投靠于在糟屋郡香椎村居住的姐姐，与姐姐、姐夫以及另外两个青年开始了共同生活。糟屋郡是1878年明治政府的行政规划下新诞生的行政单位，1920年有志免村、宇美町等19个町村。全郡总人口92,052人，主要产业有矿业、农业、工业、林业、渔业等。其中专门或兼职从事农业的有6,740户32,050人，经营方式以自作、小作、自作兼小作为主；7,651户14,482人从事矿业。从生产总值来看，矿业为13,334,817日元，居各生产方式中之首，其次农业为7,719,333日元，约占矿业生产总值一半。① 另外，当时香椎村人口为440户，2,542人（本籍人口2,761人）②，是个规模比较小的村庄。

筑丰煤矿包括福冈县的远贺町、田川町、饭塚市（嘉穗郡的饭塚町和笠松町）等地区，是战前日本最大的煤田。此外，福冈县规模较大的还有糟屋郡南部的糟屋煤田、志免矿业所以及大谷煤矿等大大小小50处煤田。1920年，福冈县生产量在1万吨以上的煤矿有83处，其中11处在糟屋煤田，由海军省、堀川团吉、东邦炭矿以及村井矿业等部门或企业开发运营。③ 煤炭产业在昭和初期达到顶峰，1960年代后石油代替煤炭成为主要能源后，煤炭产业走向衰退。

上述时期，福冈县的纺织产业发展也很快，以福冈市、筑紫郡和八女郡为中心，绢纺、丝绵混纺以及棉纺生产很盛行，江氏居住的糟屋郡也有少量生产。当时在福冈县的华侨，也有很多人贩卖久留米绊④，《生涯记》里只记述江氏所贩卖的衣料借自于姐夫，而姐夫从何处购来衣料却未留下记录。

（三）近代化产业的隆盛与福建籍卖布郎

（1）糟屋煤田与名岛火力发电站

江氏的《生涯记》里记述他经常去筑前煤矿卖布，指的就是前述的糟屋

---

① 福冈县：《福冈县统计书》，1920（大正9）年。
② 福冈县：《福冈县统计书》，1920（大正9）年。
③ 福冈县：《福冈县统计书》，1920（大正9）年。
④ 福冈县南部筑后地区生产的一种碎白道花纹的布料。久留米绊与伊予绊、备后绊一起被誉为日本三绊。绊自明治时代至1960年代的近百年期间，一直是广受欢迎的和服布料花纹之一。

煤田。回忆录里说到居住在博多（福冈市的旧称）的福建行脚商大约30人经常出入糟屋煤田。"每次去都有很多人，大家也经常住在一个旅馆。"其中一个是同住在姐姐家里的薛氏，江氏跟他结拜了义兄弟，在旅馆里晚上有空时江氏跟他学习查字典，并开始阅读《三国演义》。在煤矿工作的矿工，"脾气粗暴，兜里的钱喜欢当天就用光"，"加上煤矿比较景气"，大家都多少赚了些钱。其中也有赚到四千日元的。当时要独立做布料批发商至少要两千日元的资本金，江氏很钦佩这些"会做买卖"的同乡（《生涯记》第17页）。

  江氏还"经常去离家一里地左右的名岛发电站的职工宿舍"。名岛发电站是一所近五万坪的大规模火力发电站，因建在糟屋郡多々良町大字名岛（今福冈市东区名岛）而得名，第一次世界大战中为满足各种物资和资源的需求量的增加，由九州电灯铁道建设而成，从20世纪20年代到60年代运转了40多年。名岛发电站的职工宿舍里住着一位"30多岁的品行高尚的妇人"，每次江氏路过她家门前，总是会问寒问暖。"纪钰，今天卖出去了吗？"知道没卖出去时，便说"那会被老板骂的吧"，并买下十日元的单色布料"富士绢"。自己不买时，还"帮着招呼邻居来买"。下雨天江氏摔倒把衣服弄湿的时候，还给换上干净的衣服，弄脏了卖不出去的布料也会买上两反。①"世界上竟然有这样好心的人，回家的路上我高兴地哭了。"（《生涯记》16页）当时江氏并不知道这是妇人在同情自己，每两三天总会去一次妇人那里。后来姐夫知道妇人经常买富士绢，便想让妇人买更高级的布料，就跟着江氏一起来到妇人家强行推销，却遭到了妇人的拒绝。几天后，江氏又到妇人那里，妇人才说出以前买布的真正理由，并拉开橱子给他看那一橱子从江氏那里买的却未曾使用的"富士绢"。江氏非常内疚，之后再也没有去妇人那里。后来才知道，妇人搬走了，并听说妇人是某个有钱人的情妇。"我的感觉就好像跟父母离了别。待我那么好的妇人，我竟然连她的名字都不知道。（中略）我一辈子都不会忘记妇人的好心。"（《生涯记》18页）当时靠行脚商谋生的少年，在异国他乡体会到近代产业的发展带来的物质繁荣的同

---

① 一反是制作一件大人和服所需要的布料的单位。

时，也深深感受到了人间温暖。

(2) 纤维产业的机械化和足利纺织产业的发展

江氏的梦想和其他行脚商一样，即攒够了一定的资本金后，独立并拥有自己的店铺，批发布料给其他的行脚商。1930年左右，江氏攒够了资本金，携妻子移居到栃木县足利。结拜为兄弟的薛氏早他几年就定居此地了。足利对于吴服行脚商的最大魅力在于明治后期纺织产业的飞速发展。

足利市位于栃木县西部，以1889年施行町村制时成立的足利郡足利町为中心发展而成，1921年划分为市。自古以来以绢纺闻名，江户时代棉纺兴盛。但明治以后，面对来自廉价的进口绵丝的竞争，不得不再次大力发展绢纺。这成为足利纺织业发展的外因。从明治后期到大正时代，足利又重新确立起它作为丝绸产地的地位，与传统丝绸产地京都匹敌。这一发展变化存在两个内因。其一就是作为明治政府殖产兴业及富国强兵的近代化政策，即发展获得外汇的出口产业里，绢纺业与制丝业被列为重要战略产业，得到了以农商务省为中心的明治政府的一系列奖励和保护政策，进而使足利在明治前期实现了纺织产业的近代化。具体包括以下几个方面：1885年设置织物讲习所（后改为栃木县工业学校，今日足利工业高校），1888年铺设两毛铁道推进物流，1895年创设足利银行，导入动力纺织机确立并改良绢纺生产方式，扩大出口，开拓欧美市场确立直接出口体制。① 另一个内因是，三井吴服店（1904年改为三越吴服店，1928年改为三越）及三井银行为了给新首都东京提供高级美术纺织品，通过介绍京都西阵的技术，以及设置三井银行分店等措施来扶植足利和桐生成为关东地区新的绢纺产地。②

在政府及大财阀的扶植协助下，从明治末期到大正时代，足利的纺织生产扩展到绵纺、丝绵混纺、绢丝纺织、毛纺和人造绢纺等部门，以致当时的报纸评价足利为"恐怕所有带有纺织物名称的都有生产"，"一反布料便宜的

---

① 日下部高明：《京都、リヨン、そして足利——近代絹織物と近藤徳太郎》，随想社，2001年，第34—36页；足利織物伝承館 HP: https://orimono-densyokan.com/。
② 日下部高明：《京都、リヨン、そして足利——近代絹織物と近藤徳太郎》，随想社，2001年，第36—42页。

八十钱（0.8 日元）贵的三四十元，应有尽有"。① 江氏移居日本开始贩卖和服衣料的大正中期，足利更成为绢纺丝、富士绢、铭仙织物等绢丝纺织生产的中心。尤其是三越派遣专家，对宣传商品进行全面协助，使足利的铭仙织物生产得到飞跃发展，并于 1933 年生产量达到全日本首位。②《生涯记》里记述了名岛发电站职工宿舍的那位妇人每次都会买富士绢，而在其他的福建籍行脚商的回忆录中也经常提到他们贩卖铭仙③，足以窥视当时日本纺织业的兴盛。

（3）地方新兴城市与人的移动

第一次世界大战爆发后，特别是美国参战后带来的大量纺织品订单，给在日本的外国商人及纺织业者们带来了无限商机。作为绢纺产地，足利成长为日本首屈一指的先进资本主义地区，为寻求商机众多人口从全国各地涌入，足利进入近代首次人口增长期。④

江氏也是背着布料在福冈各地贩卖时，凭所见所闻感到了足利发达的纺织业里蕴含的商机，于 1930 年携妻子来到足利。江氏夫妇移居足利之后，曾先后在雪轮町、荣町、通等足利市内的铁道沿线地区居住。根据洋龙从父亲那里得到的信息，江氏到达足利后，把从厂家批发来的和服布料捆包然后利用铁道的托运（チッキ）服务⑤，发送到在各地从事行脚商的同乡那里。有时也有同乡直接从县外赶来买布料。江氏当时在市政府登记自己的职业为"吴服商"（也就是布商），但平时对外称自己为纺织品邮购商。洋龙也清楚地记得父亲在给同乡们邮寄包裹时，货物发送人名称栏上印着红字写的"织物通信贩卖（纺织品邮购）共正号"。另外，当时邮购的支付方法为"代金引

---

① 《読売新聞》（朝刊）1907 年 11 月 13 日。
② 足利織物伝承館 HP：https://orimono-densyokan.com/。
③ 林伯耀：《行商の風景——父林同禄と母楊金宋》，旅日福建同郷懇親会・半世紀の歩み編集委員会：《旅日福建同郷懇親会 半世紀の歩み》，2013 年，第 478 頁。
④ 日下部高明：《京都、リヨン、そして足利——近代絹織物と近藤徳太郎》，随想社，2001 年，第 43 頁。
⑤ 当时日本国有铁道和一部分私营铁道提供的运输随身行李和小型货物的服务，在 20 世纪 80 年代这一业务废止。

换",即运输公司在运送货物给购买者的同时,从购买者那里回收货款和运费并通过银行等决算把货款再支付给卖方。查看当时报纸刊登的广告可以知道已经有很多布商在接受远方客户的订货时使用这种代金引换的方式[①],可见明治时期随着邮局和铁道的发展而诞生的邮购服务,在进入大正时期后,随着国内纺织品消费的扩大而开始普及。

遗憾的是,江氏的邮购业务在走上轨道之前中日战争爆发,江氏被视为敌国人,生意更加难做。战争期间,江氏一边继续吴服行脚商,一边断断续续地坚持邮购业务。共正号大量地向各地同乡发送足利的纺织品是在"二战"结束之后。

1936年栃木县内中国籍吴服行脚商只有四名,也可窥见当时江氏生意之难。[②]关东有很多地区与足利一样,在明治以后作为纺织产地而快速发展。1930年成立的全国铭仙联盟会有11个地区加盟,分别是群马县伊势崎、桐生、馆林,埼玉县的秩父、所泽,栃木县的足利、左野,东京府的八王子、村山、青梅,千叶县的饭能,这些地区也有少数福建籍华侨从事吴服的贩卖。譬如,1922年群马县有36名中国人居住,其中13名为吴服行脚商[③];另一方面,从日本全国范围来看,中国籍吴服行脚商激增至3,243人,也就是顶峰期的1929年,群马县的吴服行脚商也只有29名,与福冈等新兴城市相比大相径庭,足利也是同样的情况。换言之,移居至主要纺织品生产地的福建籍行脚商,必须有一定的资本积累,有能够批发布料的网络,即像江氏这样的"成功者",而这样的成功只限于少数人。由于这些纺织产地互相毗邻,移居来的批发商之间的竞争也很激烈。战后,江氏骑着自行车经常到附近的桐生、馆林等地,与当地的批发商商谈业务。

从以上分析可以看出,矿业和纺织业所牵引的日本近代产业的盛况吸引

---

① 例如,1920年4月14日《朝日新闻》刊登的丸登足利织物株式会社的广告就明确强调为远方客户提供邮购服务,使用代金引换方式付款。(《朝日新闻》1920年4月14日)
② 内务省警保局编(影印刷):《外事警察概况》(1936年版),龍溪書舍,1980年,第555—558页。
③ 除此之外,经营中餐馆6名,学生2名,其余15名无业者为妇人和孩子,推测为这些人的家属(《群马县统计书》,1922年)。

了福建籍吴服行脚商的移居，给他们的经济活动提供了外在的条件。那么，一般被认为是"异质"性存在的福建籍行脚商为何能够在日本的农山村地区贩卖布料？以下从当时日本农村的视角来分析这个问题。

三、传统农村的习俗与行脚商

（一）大正昭和初期的日本农村与行脚商

明治政府推行文明开化，通过学制改革、征兵制度以及地租改正等措施，大大改变了以往的社会结构。另一方面，洋服（西装）、洋馆、油灯等所谓西洋化的生活方式在很长一段时期只限于城市，广大的农村地区依然维持着江户时代的生活方式。

日本的城市化在进入明治时期之后开始发展，但在"二战"结束之前依然有一半以上的人口居住于农村。1920年江氏移居日本时，日本总人口约5,600万，其中城市人口只不过1,000万，仅占总人口的18%，而且其中的30%多，即355万人集中在东京和大阪。剩余的82%，近4,600万的农村人口从事农业、林业、水产及畜产等第一产业。1920年的福冈县有45万8,963人居住于城市，而172万9,268人居住于农村，后者是前者的近四倍。[①]

江氏移居日本大约半年后，姐夫对他说如果不能独自贩卖布料就送他回福清老家。带着压力，江氏来到一户农家，妻子外出，而丈夫正准备要去农田干活，对江氏推销的布料毫无兴趣，但是耐不住江氏的死磨硬缠，"经过一番讨价还价，四日元卖出了一反原价二日元60钱的布料"（《生涯记》15页）。江氏还定期地背着装满布料的包袱，乘两三个小时的船到宗像郡大岛、相岛去贩卖。去一次大约待数日，可以净赚30日元。对着晕船的江氏，每次水手都会唱"拿出钱，拿出货，把你扔下海"来戏弄他，"岛上的人也是脾气暴躁，每次都会被骂，被侮辱"（《生涯记》18页）。

村民的日常生活一方面离不开行脚商，但另一方面又鄙视他们，事实上

---

① 内阁统计局编：《大正九年国势调查报告》，1923—1928年刊。

这正是当时村民跟行脚商的"正常"关系。当时除了一小部分自给自足的村子之外，日本绝大多数的农村属于同业集团，这使得村子的一部分剩余劳动力成为季节性的行脚商到其他村子贩卖村里的特产，同时也吸引了其他村子的行脚商来贩卖其他商品。民俗学者宫本常一甚至说："日本的商业是从行脚商开始发展的。"[1] 行脚商与村民之间，不仅仅是商品的供需关系，对不得不辗转于各地贩卖货物而谋生的行脚商来说，村民们对他们既鄙视又同情，同时又有怕不买他们的东西而遭到报复袭击的恐惧之心。对两者之间的这种复杂而又紧密的关系，其他的民俗学者也有详细的描述。[2] 譬如，柳田国男在《行商和农村》（1969）一文中，记录了气仙和本吉地区的农民们一方面蔑称大和越中来的卖药商为"唐人"或"唐人样"（有外来客之意），一方面又担心他们来了这次下次不来。塚原美村（1970）描述的是长野县小诸市井子的村民们翘首等待行脚商到来的情形。而北见俊夫（1977）则描述了新潟县佐度岛的村民与行脚商的关系代代相传。偏远地区的村民、岛民在生活上依赖行脚商的现象，一直持续到 1960 年左右。此后，随着各地超市的增加、自家用车的普及以及衣食住行等生活方式的逐渐西洋化，整个日本社会完成了一场大变革，吴服行脚商才从历史舞台上消失。

（二）明治以后的和服布料的流通及消费

明治初期，作为文明开化的一环，洋装在贵族等上流阶层曾流行一时，但在明治 20 年，由于民族主义的高涨，政府开始奖励穿和服。[3] 日俄战争后，尤其是第一次世界大战后的经济增长带来的生活环境的改善和社会文化的繁荣，以及在财阀政治为基础的大国主义和侵略思想之下日本军国主义的扩张，使得大正时代到昭和初期的和服文化也达到顶峰，布料图案和颜色也

---

[1] 宫本常一：《生きていく民俗》，河出書房，1965 年，第 141 页。
[2] 柳田國男：《行商と農村》，载《定本 柳田國男集》第 16 卷，筑摩書房，1969 年；塚原美村：《行商人の生活》，雄山閣，1970 年；北見俊夫：《市と行商の民俗》，岩崎美術社，1977 年。
[3] ポーラ文化研究所编：《明治・大正・昭和の化粧文化——時代背景と化粧・美容の変遷》，ポーラ文化研究所，2016 年，第 40—41 页。

多带有西方式的感性，既华丽又新潮。①

这个时期时尚服装在平民百姓之中也流行起来。和服开始细分为参加各种礼仪、做客、外出和时尚等不同用途，与之相应的各种布料也开发出来。随着百货店的出现、普及以及大众媒体的发展传播，各种创新"流行"应运而生，并通过报纸和海报等近代的宣传方式和物流网络被广大平民消费。如前所述，大正末期以后，铭仙之广泛流行，正是百货店三越大力宣传的结果。

在没有百货店的地区，和服的流行是通过行脚商传播的。但交通不便的农山村以及离岛地区，日本行脚商往往都不愿意涉足，这些地方便成为福建籍行脚商的商圈。他们借助先来的同乡或同族的人脉，从当地的批发商借来货品拿到偏僻的乡村贩卖，赚到一定的金额后再支付。就这样，在大正时代日本各地城市出现百货店后，与其他行业的华侨一样，福建籍行脚商为了避开与日本同业者竞争，加入和服布料的流通贩卖中，走进了日本偏僻的农山以及离岛等地区。

福建籍行脚商所贩卖的货品，根据他们走访的场所不同而变化。概括来说主要以西阵御召、足利铭仙、缎子、金纱、缩缅等丝绸、绵纺以及化纤等布料为主。另外，还卖名古屋带、八挂、襦袢、羽织纽、带缔等和服的附属品、装饰品等。②贩卖的货品从庆祝小孩子七五三服饰、适龄姑娘出嫁用和服、青楼女子用的和服等高档商品，到人们日常穿着的和服布料，以及成品衬衣、衬裤、内衣等比较廉价商品，无所不有。行脚商们有了积蓄，拥有自己的店铺后，通常是丈夫外出行商卖布，妻子在店铺按照顾客的要求裁布、缝制。也有接到农家的订单后把和服做好送货上门的服务。③

在对行脚商及其后世的访谈中，经常会出现嫁妆的话题。在日本嫁妆原本是给出嫁女儿继承的财产，到了明治时期开始被视为新娘到婆家的伴手礼。伴手礼的质和量被看作是左右新娘在婆家待遇的要素之一。因此，在有

---

① 小泉和子：《昭和のキモノ》，河出書房新社，2006 年，第 60—61 页。
② 茅原圭子、森栗茂一：《福清華僑の日本での呉服行商について》，《地理学報》1989 年第 27 号，第 33—36 页。
③ 林伯耀：《行商の風景——父林同禄と母楊金宋》，旅日福建同郷懇親会・半世紀の歩み編集委員会：《旅日福建同郷懇親会　半世紀の歩み》，2013 年，第 476 页。

女儿的家庭总是很早就开始准备置办嫁妆。而嫁妆的主角则是和服,除了婚礼专用和服外,还有外出、干活用以及平时穿着的和服。除此之外,还有羽织(披肩)、春秋冬用的带里子的和服、初夏以及初秋用的单衣、棉上衣等,种类诸多,花销也很大。① 随着明治以后生活水准的提高,特别是农村地区,更倾向把积蓄花在日常生活以外的非日常,即红白喜事等各种仪礼上。因此,对当时的行脚商来说,有适龄姑娘的家庭是难得的"大客户"。

(三)行脚商所目睹的农村的贫困

(1)贫富差距的扩大

20世纪初,日本政府推行的近代化产业发展政策,使市场经济渗透于全国各个角落。在市场竞争原理下,贫富差距不断扩大,阶级间的对立也越来越激化。② 在农村,败于市场竞争而没落的农民,除了一小部分迁移到城市或矿山寻找出路,更多的则留在农村作为佃农从地主手里租来土地耕种为生。一家老小不仅都要去耕种,而且还要抓住所有能利用的副业以及外出打工的机会获得现金收入,才能够勉强维持生活。③

江氏的《生涯记》里也记述了这一时期地主与佃农之间越来越大的贫富差距。"无论走进哪个村庄,都有几幢像宫殿一样的住宅",地主的土地占有全村土地的一半以上,租给佃农们耕种,收获的谷物跟佃农们平分。"这样下去只能是富人越来越富。"村子里贫富差距明显,对多数的村民来说,贫穷是很平常的。农民们把收获的大米中好的部分拿去卖,不好的留下来自己吃。年轻人带着父母的"不管有多苦都要坚持"的教导,花三年或五年去富人家"年季奉公(打长工)"(《生涯记》36页)。

"二战"结束前日本农村的贫苦景象,在其他的福建籍行脚商的回忆录里也有描述。当时还是小学生的林氏,在中日战争爆发后,跟着行脚商的父亲移居到京都丹波高原深山里的一个小村子。年末林氏替母亲到客户家结

---

① 小泉和子编:《昭和の結婚》,河出書房新社,2014年,第16页。
② 石井寛治:《日本の産業革命》,講談社,2012年,第189页。
③ 石井寛治:《日本の産業革命》,講談社,2012年,第182—183页。

账，到了一户被歧视部落的贫穷农家收钱时，手头无足够现金的农家给了林氏一袋豆子代替。林氏拿着豆子回家却遭到了母亲的训斥。之后母亲拿着豆子，又顺手把家里的黏糕、毛巾和衬衫也带上，送还给了农家。林氏还回忆说，村子外的山路上住着一些从朝鲜半岛强行绑架来的矿工，村里人都不敢接近。好心的母亲经常会在去卖内衣衬衫时，送给他们一些毛巾、大米、蔬菜以及药等。①

（2）拐卖儿童

出于贫困，拐卖妇女儿童的现象也很普遍，并持续到战后很长一段时期。孩子较多、经济负担重的家庭，会不得已地把八九岁到10岁多的孩子卖到有钱人家，做一段时间佣人，女孩有时还会被家人高价卖到青楼。②笔者在日本各地做的福建籍华人的家族史访谈提及到家族成员构成时，经常也会出现"日本人养子"或"养女"这样的问题，不能否认福建籍行脚商与当时的儿童买卖也有某种关联。

1906年6月5日《朝日新闻》登载一则"清国人的人身买卖"的记事。住在横滨山下町129番地的行脚商陈而美（33岁）用十日元领走了千叶县君津郡的渔夫第四子富藏（2岁）。富藏与母亲去横滨加贺町警察署申请办理登记过继领养手续，未被许可。此后，经过对富藏母亲和陈而美的调查，才得知几天后陈而美要带富藏回国的计划。另外，记事还介绍，东京浅草的一名6岁男孩也被横滨山下町129番地的行脚商许明鼎收为养子，许明鼎也同样去警察署申请办理过继手续。③

中国传统信仰中认为领养别人家的孩子就能多子多福，因此很多华侨从贫穷家庭领养孩子，有的带回了福建老家，也有的在日本一起生活，并非都是报纸上写的"把孩子再转卖出去"的人贩子。另一方面，出于贫穷，孩子们作为商品被买卖的史实在当时是普遍存在的。在村上令一《横滨中华街的

---

① 林伯耀：《行商の風景——父林同禄と母楊金宋》，旅日福建同郷懇親会・半世紀の歩み編集委員会：《旅日福建同郷懇親会　半世紀の歩み》，2013年，第477页。
② 宮本常一：《生きていく民俗——生業の推移》，河出文庫，2012年，第139—141页。
③ 《朝日新聞》（朝刊）1906年6月5日。

华侨传》中，也介绍到高谷市郎在 9 岁时被带到福建省福清县高山，很有可能就是被当时的福建籍行脚商领养并带回老家的。更值得回味的是，此后一直作为中国人生活的高谷市郎，在中日邦交正常化后，带着几十名中国家属返回了"母国"日本，却没有回到自己在大分县的老家，而是借助小时候一起玩耍的福清同乡的帮助，在横滨中华街落脚[①]，作为华侨生存。

（3）华侨与日本女性的结婚

福建籍行脚商与日本女性结婚，是说明他们与日本农村以及村民们密切关系的另一个现象。虽然没有具体的统计，但根据战后为加深各地福建籍华侨的团结而成立的全国性组织旅日福建同乡恳亲会的几个老成员的回忆，第一代福建籍华侨（男性）中有近一半人与日本女性结婚。他们在行商走访农家或入住旅馆时，很容易与适龄姑娘们相识并结婚。江氏的《生涯记》里提及当时中国农村的婚姻由父母做主，结婚前男方还必须给女方高额彩礼。这些都给外出做行脚商的华侨带来了很大的压力，加之 20 世纪 30 年代后中日间长期战争的持续，促使了更多无法回国的华侨在日本组建家庭。

虽然有的日本女性婚后与中国丈夫在日本一起生活，但更多的是按照中国的习惯，带着孩子在福清丈夫的老家生活，其中很多人不习惯当地的语言文化，逃出福清返回日本跟丈夫生活在一起。[②] 其中，也有受到监视而未能逃脱的女性，她们向驻福州或上海的日本领事馆求助的例子也不少。根据当时日本外务省相关资料，1929 年驻福州总领事馆作为外交问题，开始救助近 50 名嫁到福清县高山地区的日本农家妇女及纺织女工，资料上还说明这些"无知"的女性是被吴服行脚商用钱物做"诱饵"拐骗去的，同年 6 月 6 日，在当地政府的协助下有 8 名日本女性被救出。[③]

[①] 村上令一：《横浜中華街的華僑伝》，新風舎，1997 年，第 105 页。
[②] 張玉玲：《日中戦争下の華僑の暮らし―ライフヒストリーとドキュメントから見た『生活者』としての華僑像》，《アカデミア》（人文・自然科学編）2020 年第 20 号，第 90—91 页。
[③] JACAR（アジア歴史資料センター）Ref.B13081193900 第四編／第四章 在支被誘拐邦人婦女子救出問題（議 AJ-34）外務省外交史料館。除了上述官方资料之外，当时的报纸里也经常报道福建籍卖布郎"拐卖"妇女的现象，譬如 1933 年 1 月 25 日《朝日新聞》（朝刊）中，题为「危険！日支結婚 日本婦人御注意 行商人等の奥の手」描述了被中国留学生和行商郎的"甜言蜜语"诱惑结婚后，被带到福建农村的日本女性凄惨遭遇，并提醒人们提高警惕。

从上述资料也可以看出,被福建籍行脚商的"甜言蜜语"诱惑而决定与其结婚的日本女性大多是农家出身,她们或是在外打工的女服务员或是工厂女工。为了养家糊口,当时农村很多年轻女性到制丝工厂或纺织工厂当女工,到旅馆做服务员,给有钱人家当保姆,甚至有的被家人卖到青楼。资本主义发展带来的贫富差距,特别是1929年的世界大恐慌爆发后长期持续的粮食不足,使很多农民陷入困境,而女性更是其中的牺牲品。[①] 当时众多的女性肩负着养家糊口的沉重负担,可以想象她们是抱着多大的期待和憧憬与福建籍行脚商结婚的。

日本的产业近代化给日本带来了前所未有的物质繁荣,另一方面在近代化潮流中"落伍"的广大农山村地区,依旧保持着前近代的传统生活方式,日常生活用品不得不依赖于行脚商,这是吸引福建籍行脚商的最大原因,并使他们的生意能够维持很长一段时期。

四、福建籍行脚商与村民的关系

(一)互为"异文化",却不乏"人与人"间的交往

初来日本的江氏居住于农村,在农村行走卖布,他在《生涯记》里也记载了他与很多农村、村民的互动状况。例如,初来乍到的江氏在香椎村的日常生活中有如下的异文化体验。清早去井边打水时,经常被村里的妇女们围住问这问那。由于听不懂日语,江氏既害羞又难受(《生涯记》13页)。当时,作为文明开化的象征,城市里早已流行吃牛肉或猪肉等,但农村里的人还没有吃肉的习惯,因此听到江氏他们在家里热油炒菜时的声音,邻居总是会气冲冲地跑来大骂。还有,日本女性当时穿厚底木头鞋,牙齿也染黑,头发高高盘在头上而显得脸庞尤其大,很长一段时间江氏都因看不惯而感觉不出其中的美(《生涯记》36页)。

行脚商,尤其是作为外国人,常常会因为是"外来者"而遭受差别和歧

---

① 小泉和子编:《少女たちの昭和》,河出書房新社,2013年,第92—95页。

视。"二战"前农民和行脚商之间虽然已经有现金交易，但对于现金收入微薄的农民来说，平时赊账，到月末、年末或盂兰盆节时结账的传统方式更为普遍，有时物物交换的也不罕见。不会读写日语的第一代华侨经常遇到的问题便是拿着账本去结账时，农民以账本的日语有误为由而赖账。①

另一方面，很多行脚商回忆说，在熟悉彼此之后，村民们"又是沏茶又是拿出好吃的"热情招待。《生涯记》里介绍的一个小插曲也很值得回味。在日本生活大约四年左右后，江氏与姐姐一家搬到了宗像郡东乡町。一天，江氏和他的同乡伙伴去药铺买药时，与药铺店主的儿子、当时正回乡休假的陆军将校药剂官发生了口角。不甘忍受侮辱的江氏和他的伙伴们第二天到药铺讨公道，但是陆军将校不仅没有道歉反而找人殴打了江氏和他的伙伴们。最后，警察赶来调节，弄清楚事情来龙去脉后，药铺店主向江氏和他的伙伴们赔礼道歉。"我们在这里长期居住，中国人老实是众所周知的，是他（药铺的儿子）太霸道了。"（《生涯记》26—27页）在这里，作为"外来者"的中国人和"霸道"的陆军将校药剂官被"公平"地"裁决"，可以窥见在共同享有生活空间的过程中，福建籍行脚商与村民之间已经建立起了一定的信赖关系。

（二）民族主义与民族意识

明治日本在甲午中日战争中打败清朝，又通过日俄战争吞并朝鲜，向西伯利亚出兵等一系列的对外军事侵略行动，确立了它作为帝国的地位。进入大正时代，也就是20世纪初后，这种基于军国主义的民族主义情绪也渗透到农村地区，进而也影响到村民们与福建籍行脚商之间的关系。《生涯记》记述了少年江氏在学会日语，思想也慢慢成熟后所遇到的苦恼。"当时的日本人，不管走到哪里都要谈论政治，或者炫耀国体和军队的强大。另一方面经常批评中国，鄙视中国人。"（《生涯记》27页）"来日前，我对于自己的祖国一无所知，每次跟爱国心很强的九州男儿讨论后，都会了解到一些中国的

---

① 林伯耀：《行商の風景——父林同禄と母楊金宋》，旅日福建同郷懇親会・半世紀の歩み編集委員会：《旅日福建同郷懇親会　半世紀の歩み》，2013年，第478页。

现状。"日本人经常说："你们说自己地大物博，为什么还要来小小的日本卖布？你们的资源多得取之不尽，自己却取不出来。（中略）日本、中国和朝鲜，不是同文同种吗？日本跟俄罗斯战争夺回了满洲，完全是为中国好，中国人却忘恩负义进行抗日，真不像话。（中略）你们马上就要被欧美人掠夺领土，成为他们的奴隶了。"（《生涯记》36—37页）每次遇到这些话题，江氏总是一本正经地跟对方争论，但每次都会感到"弱国的艰辛"，"觉得可悲又可叹，而失去继续做生意的力气"（《生涯记》37页）。

1930年代后，九一八事变、卢沟桥事变的接连爆发，中日关系极度恶化，日本的民族主义情绪更加高涨。在农村社会中，从军赴大陆战场而战死的家属不断增加，福建籍行脚商与其家人便成为了"不可饶恕的支那人"[1]。每到一处，常常遭遇争论、吵架，有时还要受到暴力威胁。再加上中日战争后日本政府实行国家经济统筹计划，使行脚商个人的经济活动受到更加严格的限制，作为敌国人的福建籍行脚商更是难上加难。

从以上的叙述不难看出，这个时期的日本，一方面是行脚商的生活空间，同时又作为近代国民国家、作为"帝国"在不断膨胀。在这一大历史背景下，在同是居民、互为邻里的村民与行脚商之间，同时也形成了"日本国民"和"外国人"乃至"敌国人"的对立关系。这种"你我"的对立情感与意识，促使了二者以各自的国民国家为基础的民族意识的形成与强化。

五、结语

综上，本文以在福冈县从事吴服行脚商的江氏的回忆录《生涯记》为线索，结合19世纪末到20世纪前期日本的产业近代化过程，对当时在日本各地卖布的福清籍华侨和作为他们生存空间的日本农村状况以及农民生活进行了考察与解读。

---

[1] 林伯耀：《行商の風景——父林同禄と母楊金宋》，旅日福建同郷懇親会・半世紀の歩み編集委員会：《旅日福建同郷懇親会 半世紀の歩み》，2013年，第476—478页。

19世纪后期，明治政府大力推行的以文明开化、殖产兴业为中心的一系列的近代化政策，对广大农村地区也产生了重大影响。在外因方面，特别是纺织和采矿等产业的兴盛带来前所未有的物质上的繁荣，吸引了众多福建籍华侨移居日本。在内因方面，农民依然保持前近代的生活方式，所需各种日常生活用品仍然要依靠外村的行脚商。这一"被近代化遗忘"的传统农村的一面，为吴服行脚商们提供了商机，使他们的生意能持续到战后很长一段时期。另外，当时农村普遍存在着贫富差距，福建籍行脚商们不仅亲眼目睹了被歧视部落的人们、来自朝鲜半岛的劳工以及妇女儿童的悲惨境遇等社会问题，而且还作为当事人以某种形式参与到了其中。从这个意义来说，福建籍行脚商与大多数农民、外出打工者以及辗转各地的传教者一样，都是构成当时日本农村，即被近代化浪潮吞噬而逐渐解体的同时，部分传统仍得以延续的变革中的农村风景的一部分。

19世纪后期，在日本向近代国民国家以及帝国主义国家发展的过程中，农村地区的民族主义也高涨起来，在各地农村的日常生活中必不可缺的福清籍行脚商们也逐渐变为被歧视的"支那人"，中日战争爆发后更被视为"敌国人"而被排挤被压迫。因此，这一时期是福建籍行脚商们确立中国人民族认同的重要时期。而他们的这一艰辛经历，也是在日本出生的第二代在战后建立起全国规模的同乡组织、强化民族意识的重要历史根源。在经过了"二战"后的"混乱期"后，大多数的福建籍华侨放弃行脚商行业，改为经营中国餐馆、贸易公司等，经济活动开始多样化。日本各地的华侨重建或新设立了华侨总会、同乡会等华侨团体组织，很多年轻的福建籍华侨也与居住在横滨、神户等地的广东、上海籍华侨一起开始积极参与到守卫华侨权益的运动当中。

不过，这里需要强调的是，只以这种有强烈"中国人意识"的华侨形象来描述华侨是不全面的。福建籍华侨的归属意识也绝不是单一不变的，而是多重的流动性很强的复合体。譬如，9岁时跟随行脚商的父亲从福清移居到冈山县津山的林同春氏在晚年写的自传《渡桥人——华侨波澜万丈私史》中，这样回忆自己战争期间的卖布经验："在苦境中受到的善意和真心比什么都温暖，这份热心和暖意我终生难忘。有人骂我们是敌国人，有人歧视我们，但善待我们的日本人也绝不少。"[1] 从林同春氏的记述中我们也可以读到行脚商和村民之间的人情义理，这是一种与农村共同体以及国民国家不同层次的，使福建籍行脚商能够在异国他乡坚持生计和生活的重要要素。

在华侨的多元归属意识里，更有一种"当地人意识"的存在，而这种意识基于他们在农村生活、卖布过程中与村民们接触以及与他们共享生活空间的"身体"的经验。在日常的生计、生活中，华侨们更是普普通通的居民，与其他众多的"日本人""朝鲜人"共同享有社会空间以及生活空间，同时也与他们保持着千丝万缕的联系，是构成当地风景的一部分，亦是农村社会风土人情的一部分。而这样的华侨形象，才是分析战后瞬息变化的日本农村乃至地域社会多元性以及多重性的重要线索。

在此意义上，本文不仅仅是在日华侨研究，更是从华侨这一"边缘"重新探讨了"日本"这一概念，即日本在作为一个实体存在的同时，也是一个由历史、文化和政治建构的复合体。当今，战前移居日本的第一代大都已过世，第二代也趋于高龄化，我们有必要进一步结合他们居住或曾经居住过的地区的历史、社会及经济状况收集并综合分析华侨的生计、生活，这也应该是今后日本研究的一个重要课题。

（附记：本文曾以《福建の呉服行商人と近代日本の農村社会——ある華僑の回想録への解読を通して》为题，载于《日本民俗学》（第 309 号、2022 年、第 65—93 页），原文为日语，本文经笔者的翻译和部分修改而成。）

---

[1] 林同春：《橋渡る人——華僑波瀾万丈私史》，エピック，1997 年，第 66 页。

COVID-19疫情下日本新华侨的共助和公助
——以在日移民团体调查为例

赛汉卓娜[*]

摘　要　本文以 COVID-19 新冠肺炎疫情为背景，探讨了在日中国移民团体在突发事件中具有的积极作用以及跨越国境形成的共助和公助的互助体系。首先，本文通过对长崎两个中国移民团体的调查，考察了在日中国移民在面对全球性灾害时，从性别、职业类别和在留身份等方面，移民在日本社会中的生计的脆弱性。其次，在疫情爆发期间，在日中国移民团体与祖国之间形成了互助循环体系，"公助"与"共助"为在日中国移民排除疫情之下的生活困境和精神依托发挥了重要作用，同时也使中国移民对祖国有了更深的认同感，华人团体内部有了更深的凝聚力，也为全球华人在面对灾害时如何应对提供了案例参考。

关键词　新型冠状病毒感染（COVID-19）；移民；共助；公助

---

[*]　赛汉卓娜，日本长崎大学多文化社会学部教授（日本长崎 852-8521）。

前言

上世纪80年代开始，随着经济的全球化，加速了资本的流动和人的跨国移动。这一时期，日本政府开始接纳战后遗留在华的日本遗孤和越南难民，并且先后制定了"10万人外国留学生计划"、"30万人外国留学生计划"，外国居民的人数急遽增加。进入90年代，随着入国管理法的修订，日系南美人的数量增加，同时作为大龄未婚日本男性配偶者的亚洲女性也大量涌入日本。

根据日本法务省的统计，至2000年末，日本在日外国人有约169万人。进入21世纪，在日外国人的数量急剧增加，2021年底已达到约289万人。[①] 其中，中国人的人数最多，为约78万人，占外国人总人数的27.8%（表1）。此外，仅仅1990年至2020年期间，就有111,765中国人归化日本国籍。因此，至少有大约90万名中国移民生活在日本。在日生活的这些中国人中，有较明显的永久居留倾向，基于居留身份（以下简称"身份资格"）以及就业和留学身份在日本工作和学习的人居多。截至2020年底，居住在日本的中国人中，比例最大的是持有"永住者"在留资格的人，占36.4%。就性别而言，女性占在日中国人比例为54.2%。在女性中，中年女性中与日本男性国际结婚者居多，50多岁的女性占大多数，并且广泛分布在日本各地。基于中国人的定居趋势和"中年阶段中国移民的女性化现象"[②]，本文设定以定居在地域社会的中国移民团体以及女性移民团体为研究对象。

表1 按国籍·地域分类 按在留资格分类 在留外国人（2020年末）

人口	国	总数	永住者	日本人的配偶者等	日本人子女	永住者的配偶者	定住者	技能实习	技术·人文知识·国际业务	留学	其他
	总数	2,887,116	807,517	116,022	26,713	42,905	201,329	378,200	283,380	280,901	750,149
1	中国	778,112	283,281	27,063	1,250	16,956	27,436	63,741	88,662	125,328	144,395

注：基于日本法务省出入国在留管理厅2020年"在留外国人统计"由作者制作。

[①] 详见日本法务省在留外国人统计数据，https://www.moj.go.jp/isa/policies/statistics/toukei_ichiran_touroku.html（2022年1月7日阅览）。

[②] 赛漢卓娜：《"主妇化"される高学歴移民女性ー「性別役割分業社会」を生きる国際結婚した中国人女性のインタビューを通してー》，《中国21》2021年第54号，第215—236页。

外国人在日生活过程中，因文化、语言、国籍/民族等方面的差异，遭遇了各种各样的问题。特别是在2019年末，突如其来的新冠肺炎（以下简称COVID-19）疫情，使在日外国人的生活面临新的挑战。纵观COVID-19疫情的发展过程，这场危机深刻地威胁着公共卫生安全、社会经济发展、人民群众生活乃至国际关系等诸多方面。截至2022年1月7日，全球感染人数已达3亿，据报告有547万人死亡。[1] 在COVID-19爆发前，全球性的人口移动、劳动移民往来频繁，跨越国界的自由流动被视为所有人的最重要的权利之一。截至2020年，全世界的移民总数为2.81亿，占总人口的3.6%。[2] 然而，COVID-19爆发后，作为阻断疫情蔓延的有效措施，各国相继关闭其边界，阻止人员的流动。仅2020年，世界的旅行者人数预计较前一年减少10亿人（73%）。[3]

基于这一背景，本文以在日外国人中移民数最多的集团——在日华侨华人为研究对象，通过对两个在日华人团体的访谈调查，把握疫情之下在日华人面临的问题、生活状态以及华人团体在应对疫情中发挥的作用。

（一）COVID-19对移民的影响

据估算，2019年全球移民工人的数量为1.69亿人[4]，在全球劳动力市场中占有重要份额。由于移民的生活、工作条件以及获得医疗服务的机会有限，在移民群体中，特别是低收入移民，感染COVID-19和死亡的风险更高。[5] 移民在面临高危风险的同时，又在支撑着受危机影响最大的一些领

---

[1] 详见Johns Hopkins University & Medicine Coronavirus Resource Center 的发布报告。https://coronavirus.jhu.edu/map.html.（2022年1月7日阅览）
[2] International Migration 2020(https://www.un.org/development/desa/pd/sites/www.un.org.development.desa.pd/files/international_migration_2020_highlights_ten_key_messages.pdf)（2022年1月23日阅览）。
[3] UNWTO, International Tourism and Covid-19(https://www.unwto.org/unwto-tourism-dashboard)（2022年1月23日阅览）。
[4] ILO, Global Estimates on International Migrant Workers –Results and Methodology（2022年1月24日阅览）。
[5] Hayward, S. E. 2021. Clinical outcomes and risk factors for COVID-19 among migrant populations in high-income countries: A systematic review. *Journal of Migration and Health* 3, 1-19.

域，如卫生、服务、农业、林业、渔业和基础设施建设等方面。在服务和销售部门人员中，外国出身的女性工人占比较多。在大多数经济合作与发展组织（Organization for Economic Cooperation and Development；简称经合组织[OECD]）国家中，每 7 名工人中，外国女性工人便占 3—5 人。① 因此，在 COVID-19 爆发期间，从事低薪工作的移民受到影响的程度较大。他们在维系社区的日常生活正常运作和应对 COVID-19 中，发挥了重要作用。尽管如此，疫情带来的经济停滞而导致的工人解雇裁员以及防疫政策带来的封锁和行动限制首先影响到的就是移民，特别是移民中的女性，因社会性别分工的差异，受到的影响更大。

疫情期间，日本也制定了相应的防疫政策。在对在日外国人出入境人员管理方面，仅限于具有永住者、日本人的配偶等居留身份的外国人出入境。但是，由于日本政府对出入境机场的调控、公共交通工具的使用限制以及一并采取的检疫隔离措施等政策，使在日外国人的出入境变得异常困难。COVID-19 前，在日外国人的亲属可以以"短期滞在"签证入国，但疫情发生后，这一签证暂缓签发。同时，对在留资格到期的外国人，日本政府做出了特别延长居留资格的政策，并考虑因疫情回国困难，减缓了他们在日就业的一些限制。上述政策以外，日本政府还通过减少国际航班的数量，要求对所有抵日旅客进行隔离观察，暂停新签证的签发和限制现有签证者的入境，来控制来日人员的数量。2020 年秋季，为了确保技能实习生等劳动力入境，暂时放宽了移民政策。不过，除 2020 年东京奥运会和残奥会前后，至 2022 年 1 月，边境管制仍然严格。

基于上述背景，疫情期间，生活在日本的在日外国人的生活情况如何，是本文主要关注的问题。因受数据的限制，这里无法明确说明在日外国人与日本人感染 COVID-19 的具体数字比例。② 但从日本在应对疫情的政策制

---

① 根据 GMDAC analysis based on OECD DIOC, 2015/16 的数据统计，占比从高到低的国家依次是意大利 72.3%、法国 59.5%、西班牙 58.9%、德国 58.8% 等。https://www.migrationdataportal.org/themes/migration-data-relevant-covid-19-pandemic（2022 年 3 月 8 日阅览）。
② 根据厚生劳动省的"新冠病毒感染的国内爆发趋势（初步数据）"（截至 2021 年 6 月 23 日 18:00），

定方面，在日外国人也在适用对象之内。2020年4月20日，日本政府实施了每人10万日元的"特别定额补助"（以下简称"补助"）措施，作为应对COVID-19传播扩大的紧急经济对策。这些福利政策也适用于居住在日本的外国人，为日本国内因疫情影响生活困难的人提供援助。虽然有日本政府出台的这些紧急政策的支持，但在日外国人原本的就业环境就非常脆弱，有时他们会被排除在公共保障体系之外，特别是"社会保障体系逆转"[1]问题在新冠疫情爆发期间再次暴露。[2] 针对这些问题，荻野则对新冠疫情下的在日外国人的生活状况进行了考察，得出疫情给移民的生活带来了诸多负面影响，存在着遭受歧视、工作不稳定、收入降低、丧失住所、失去教育学习机会、出入境受限、宗教信仰活动被迫停止、精神不安和排斥在支援保障体系外等问题。[3]

（二）"共助"和"公助"视域下的移民

近年来，日本国内各种灾害不断发生，为了尽量减少在灾害中的损失和伤亡，在防灾问题上提出了"自助""共助""公助"的重要性。1995年，阪神淡路大地震发生后，引发了很多讨论。此后，在经历了2011年东日本大地震等灾害经验后，"自助""共助""公助"这三个要素成为防灾管理的基本原则。[4] 如果将COVID-19定位为一场"灾害"的话，这三个要素就可以

（接上页）确认为日本国籍的阳性病例为120475人，确认为外国国籍的阳性病例为5235人。然而，同一时期的累计阳性病例推测为781534例，其中约84%的人国籍不明，因此这些数据无法确定外国国民患者的比例。造成这种情况的原因是，这一数据依据日本各县的信息统计得出。各县公布信息是以"日本爆发第一类传染病时的公布标准·鸡溃，公布标准中规定需要公布感染者的居住国和居住地，而国籍则不在公布标准要求之中。

[1] 大川昭博：《セーフティネットの穴をいかに埋めるか－いのちのつなぐ連帯と協働－》，载铃木江里子编著：《アンダーコロナの移民たち－日本社会の脆弱性があらわれた場所－》，明石書店，2021年，第192—211页。

[2] 铃木江里子：《社会の脆弱性を乗り越えるために－コロナは移民/外国人政策に何をもたらしているか－》，载铃木江里子编著：《アンダーコロナの移民たち－日本社会の脆弱性があらわれた場所－》，明石書店，2021年，第7—32页。

[3] 荻野剛史：《新型コロナウイルスが在日外国人の生活にもたらした影響とその対応》，《東洋大学社会福祉研究》2020年第13卷，第12—19页。

[4] 和田一範：《自助·共助と、公助との連携を考える－つないでゆくことの重要性－》，《水利科学》2018年第363号，第100—120页。

应用于疫情情境下移民们的现实境况。内阁府公布的《灾害中需要救济者的疏散援助指南》（2006年3月）将"自助"定义为自我准备，"共助"定义为社区（邻里）的互助，"公助"定义为公共救济。[1] 然而，在"共助"的定义中，隐含着作为共同体成员资格、同步性和共同空间等因素。"公助"因为被定义为国家直接参与的援助，潜在地隐含着受援者为本国国民。综上所述，"共助"和"公助"的概念里暗含了空间性，以及成员资格仅限于一个国家和一个地区的特征，与同时在日本、母国或第三国维系家庭的移民的生活条件是不同的。在本文中，笔者对"共助"与"公助"重新定义。"共助"定义更为宽泛，是指超越区域和国家界限，由更多的个人、组织和机构共同参与的互助行为；"公助"是指不限于居住国国家政府的跨国政府系列的公共救援。下文，将重点讨论这两个领域。"自助"不是本文讨论的核心重点，这里不展开讨论。

二、研究对象和方法

长崎县有两个新华侨协会（成员主要居住在长崎市及周边），分别为新侨会和女性团体——华妇联。为探讨疫情下在日移民的公助与共助，笔者作为新侨会会员以及华妇联的理事，在2020年1月至2021年8月疫情期间，针对微信群的日常活动进行了参与观察，并于2021年8月对新华侨团体负责人进行了访谈调查。表2是本次调查的概要和方法。本文调查的主要内容是，首先了解移民团体及其成员在新冠疫情爆发前后的处境。其次，把握疫情爆发后移民团体的"共助"和"公助"状况。

---

[1] 2008年的《地域综合护理研究会报告》参考了社会保障未来咨询小组的《社会保障的未来（2006年5月）》和其他文件，对"自助、互助、互济和公共援助"进行了定义。但是，这里需要注意的是，本文主要关注的是灾害研究中的三要素概念，因此与卫生、劳动和福利部在福利领域强调的口号"自助、互助、互济和公共援助"有一定的差异。

表 2　调查概要

	中国	
调查对象团体	长崎新华侨华人协会（新侨会）	长崎日本华人华侨女性联合会（华妇联）
对象	中国系	中国系
成立时间	2010 年	2017 年
所在地	长崎	长崎
团体特征	新移民中国系移民团体	新移民中国系女性移民团体
联系方式	SNS（wechat 中心）	SNS（wechat 中心）
疫情前活动	日常性交流	日常性交流·咨询
访谈方式	Web（zoom）	Web（zoom）
调查时间	2021 年 8 月 2 日	2021 年 8 月 4 日
所用时间	2 小时	2 小时
使用言语	中文·日文	中文·日文
访谈对象	会长、副会长、事务长	会长、副会长

作为调查地的长崎县长崎市，人口约 40 万，是日本国内有数的观光都市之一。外国人居民数为 2909 人（2021 年 12 月），外国人比例不高（0.7%）。从国籍区分来看，中国 924 人最多，第二位是越南人 484 人。另有不少已经加入日本国籍的华人。从在留资格区分来看，中国人中"永居者"最多 743 人，"留学" 706 人。长崎拥有丰富的文化自然旅游资源，自 2006 年推出"旅游立县——长崎"的政策以来，受两个世界文化遗产的影响，至 2018 年长崎县的旅游业一直很繁荣，国内外观光者众多。COVID-19 爆发前，虽然居民中外国人比例不高，但游客中的外国人人数众多。另外，长崎是日本华侨的根[①]，日本三大中华街之一的长崎中华街历史悠久，建有孔子庙，老华侨与当地日本人共同举办的春节祭享誉海内外，中国气氛浓厚。因此，长崎外国游客众多、中华气氛浓郁的城市特点也在广大市民中达成共识。

---

① 王維：《九州華僑ネットワークの重層性》，载王維·曾士才编著：《日本華僑社会の歴史と文化》，明石書店，2020 年，第 133—187 页。

三、COVID-19 疫情下的长崎在日中国移民

（一）港口城市长崎的新华侨

80 年代以后，赴日的中国移民在与老一辈在日华人交流的过程中，逐渐形成了自己的社区。下文将重点介绍新来外国人，并使用已经在长崎扎根的"新华侨"一词。在本文中，改革开放后来日的中国人，不论国籍是否为中国，都统称为"新华侨"。新华侨当初来长崎的主要目的是通过留学、国际婚姻等途径来日，并在长崎定居生活。在长崎县的中国人中，57.5% 为女性。从人数来看，虽然定居在地方社会的外国人并不是很多，但是女性特别是东亚、东南亚女性占所出身国人口比例甚至要高于大都市，这其中的主要原因是她们通过国际婚姻来到日本，很多嫁到城市郊区、地方城市或者农村。同样的原因，中国女性也广泛分布在长崎县内各地居住生活。此外，也有部分中国人在长崎已有稳定的职业，生活安定，并且加入了日本国籍。长崎与中国的文化往来、人员交流历史悠久，民风淳朴，对中国人友好，虽然传统支撑产业的造船业日渐衰落，但旅游业兴盛，并且物产丰富，适宜居住。这一地域历史和文化背景，是来日中国人选择在长崎生活的一个重要理由。

长崎的中国人团体组织新侨会成立于 2010 年，新侨会主要通过新媒体微信进行信息联络和沟通，建有两个微信群。一个微信群对所有长崎在住的新华侨开放，笔者在调查时，群内有 334 名成员。而另一个微信群只对会员开放，在调查时有 114 名成员。新侨会成员的职业各不相同，但一般来说，他们大多是经济相对稳定的人。特别是理事会成员都有稳定工作，有的是企业经营者、有的在大学任教。新侨会在中国驻长崎领事馆和当地政府以及老华侨团体与新华侨之间起着桥梁纽带作用。在两个微信群中进行沟通和交流。

华妇联成立于 2017 年，在笔者调查时有 193 名会员。有些人既是新侨会的成员，也是华妇联的成员。除了部分需要照顾婴幼儿的母亲未出门工作以外，绝大多数成员都在工作，但大多是兼职（打零工）。会员中有三分之一是以国际结婚的形式，与日本男性组成家庭。理事会成员的男性配偶们无论是日本人还是中国人都有稳定的职业和社会地位。华妇联只有一个微信

群，用于交换信息和各种交流。过去，他们为会员提供了演奏乐器、烹饪和珠宝鉴定等活动的课程，以及各种交流互动的机会。会员中与日本男性国际婚姻的移民女性为数不少，她们在语言和文化上容易遇到困难，通过华妇联举办的系列活动解决身边的问题和困难，以及达成资源共享。

因为新侨会的很多成员在日本的职业发展取得一定的成果，新侨会作为组织团体获得了日本和中国两个国家的认可，虽然是民间团体但具有一定的影响力。相比之下，华妇联反映了日本妇女的社会地位，成员中只有少数女性从事正式全职工作，相当多的女性在餐饮业、旅游业和制造业中作为非正式员工工作。以上，是两个华人组织团体之间存在的差异性。

（二）被隔断的跨国家庭

中国移民跨越国境往返于中日之间的频率很高，他们倾向于在中日两国间往来，以之作为维护家族间关系的纽带，有时力争在两国间保留商业往来。他们跨越国家维系家庭生活与在两个国家保持商业往来有时是相互联动，具有同一意义。因COVID-19的影响，国境关闭对移民的影响非常明显。疫情期间，这两个团体陆续接到从归国手续、短期访日亲属的签证延长手续到不能归国的精神压力等的各种问题咨询。笔者在进行调查时，虽然中国海关政策对中国公民回国没有入境限制，但是入境后需长期隔离检疫，时间成本也成为他们决定是否回国的一个重要因素。此外，国际航班大幅减少，机票价格高昂，时间和经济成本大幅度提高。中国国籍者考虑到各种成本，绝大多数人无法下决心归国。为了进一步控制来自境外病毒的输入，疫情期间中国停止接受外国人的大部分入境签证申请，除非符合人道主义签证的条件，已加入外国籍者无法归国探亲。长崎的新华侨中，加入日籍者众多，而人道主义签证条件严格，如需要正规医院开具病危通知书等证明，不符合条件者则无法申请回国。因此，绝大多数的新华侨在疫情期困守长崎，无法实现像疫情前那样，往来于中日间，照料维系不同国境的两侧家庭。比如无法归国为家中老人尽孝，或者父母无法来日帮助照顾孙辈，或者分住两国的夫妻子女无法团圆等，不得不忍耐与等待。

在 1990 年代前后赴日出国潮中，来日的新华侨华人已步入中年。日本对定居外国人的高龄父母不提供相应的在留资格，所以老人们一般无法在日本长期逗留或定居，除非是在本国被认定为没有扶养人者可申请长期居留。他们父母在身体条件还允许时，通常使用短期探亲签证在日本停留 3—6 个月，但随着他们年龄的增长，不便长途旅行，这样就使得他们的子女回国探望父母的频率增加。如果附近没有可以照顾他们的亲属，他们需要更频繁地返回家园，有时不得不提供跨国护理。例如，笔者如下的调查。

　　T 先生（男性，50 多岁，公司老板）因业务关系每两个月就回国一次。每次他都回家乡探望他 80 多岁的父母。他的兄弟姐妹都与父母生活在不同的城市，他非常担心家乡的父母。在疫情管制期间，T 先生的父母和当地人被封控在家，无法外出购物。在封控期间，网购日常用品是中国公民的一条生命线。但他的父母，年事已高，不知道如何使用网购 APP，很长时间都没能买到东西。但老父母安慰远方担心的儿子说，家里有囤积的大米就够了。像 T 先生的父母这样，不善于使用信息技术的老人如何维持生计，已经成为一个社会问题。疫情期间 T 先生无法回国，因为他已加入日本国籍，并没有任何能够得到人道主义签证的理由。所以他能做的就是每天晚上打国际电话，了解他父母的安全情况。

　　像 T 先生那样，很多移民家庭是建立在定期跨境移动基础之上的。当 COVID-19 致使各国间的往来按下暂停键时，移民不仅仅是被分离，家庭生活本身也受到影响。老人的养老照料问题不仅存在于一国之内，也会出现在国界之外。疫情导致各国边界的关闭以及城市的封闭化管理，使得远距离跨境照顾老人的问题，尤为凸显。

（三）经济影响

　　在长崎的新华侨当中，具有在日留学经历的人有更多获得全职工作的可能性。相比之下，作为"日本人配偶"来日定居的女性，大多是以打零工或从事一些短期兼职来维持生计。如上所述，长崎拥有丰富的旅游资源，这吸引长崎的一些新华侨从事与旅游业、免税商店、餐馆等领域相关的工作。然而，由于 COVID-19 的出现，旅游业受到摧毁性重创，从事相关行业的新华侨举步维艰，面临着非常困难的局面。特别是来日时间尚浅没有根基者、打零工者以及单亲母亲家庭成为了弱势群体。华妇联收到了不少因受 COVID-19 影响而失业，请求帮助介绍工作以及如何找到就业途径的咨询。例如，通过国际婚姻移民日本的女性家庭，以前靠丈夫的收入与自己的零工共同支撑，但由于疫情造成丈夫失业或收入减少，使她们的生活陷入困境。长崎虽然是物价不高的宜居城市，但与日本其他地方城市相似，就业机会非常有限，受日语能力限制的移民女性在疫情下很难找到新工作。因此，也有人奔赴福冈或名古屋等其他城市务工。在佐贺县，有一家 24 小时运作的消毒剂生产工厂，当听说有短期工作人员的招聘时，几位女性马上一同开车前往应聘。还有一位单身母亲由于无法在当地以及邻近地区找到工作，最终离开九州远赴爱知县的一家大型汽车制造公司工作，并住在公司提供的员工宿舍里。

虽然许多新华侨比较"善于维持生计和利用积蓄"来渡过经济危机，然而，从他们是否为全职正规雇员以及家庭状况来看的话，COVID-19 给他们带来的经济打击则完全不同，而且相互间经济差距是显而易见的，在日本的中国人口中的分层现象也变得更加明显。这一问题也与日本社会的性别差异有一定关系。然而，单身母系家庭和部分通过婚姻移民日本的女性因为大多属非正规就业者，她们遭遇的经济困难是非常明显的。虽然她们也有资格从日本政府获得"补助"等福利补贴，但是毕竟杯水车薪。疫情下遭受经济困难理应性别差异不大，但在性别分工显著的日本劳动市场，男性倚靠他们相对稳定的职业地位、储蓄保障等平稳渡过困境的可能性明显大于女性。同样，通过长崎县的事例可以看出在日中国移民内部的社会分层涉及性别变量。COVID-19 对社会上的"弱势群体"的影响更大。①

---

① 鈴木江里子：《社会の脆弱性を乗り越えるために——コロナは移民／外国人政策に何をもたらしているか》，載鈴木江里子編著：《アンダーコロナの移民たち——日本社会の脆弱性があらわれた場所》，明石書店，2021 年，第 7—32 頁。

（四）困境中的"互助"与"公助"——中国移民团体跨越国界的援助活动

2020年1月下旬春节期间，湖北省武汉市新冠疫情爆发以后，政府实施了城市封控措施，随后在中国各地相继出现了不同程度的出行限制。新华侨担心国内的父母和兄弟姐妹，每天查看信息，有的甚至急忙给家人邮寄口罩。2020年2月，新侨会呼吁每人捐款500日元以支持武汉，大多数新华侨都捐款多于2000日元，最终向湖北省汇去46.5万日元善款。由于疫情期间位于长崎的孔庙中国历史博物馆收入大幅下降，该博物馆一直处于严峻的财政困境，63名新华侨捐赠了67.3万日元帮助孔庙支付维护费用渡过难关。华妇联同样在其成员中组织了筹款活动。

2020年3月，COVID-19在日本蔓延开来，同时口罩长期短缺。新侨会和华妇联曾经支援过的中方当时已经恢复了口罩、消毒剂的生产，中方开始反过来向在日华侨提供援助。首先，在3月份，中国领事馆紧急提供了5000只口罩，新侨会向在群中接龙申请的100户家庭每户分发了50只口罩。新侨会发放紧急物资时并不限定是否会员以及国籍。4月，领事馆又提供了1220只口罩，这次是向122人每人单独提供10只口罩。同月，福建厦门市集美区人民政府侨务办公室等机构向长崎县新侨会捐赠了2000只口罩。① 此外，在11月，新侨会接纳领事馆无偿提供的"健康包"②，并分发给144名申请人。2021年2月，领馆又提供了"春节包"，并分发给70人。此后，又追加提供了24份健康包。就这样，新侨会从中国外交部和中国政府渠道获得了当时非常紧缺的口罩等救灾物资。

另一方面，华妇联通过民间渠道收到了国内各友好团体捐赠的物品。共接受了20000只口罩，大阪的一家公司还捐赠了化妆品。2020年4月，华妇联向成员中的新华侨女性分发了5000只成人口罩，1200只儿童口罩和护肤品。同年6月，向150个家庭分发了3000只成人口罩，300只儿童口罩，以及爱心包。11月，又获得了2500只儿童口罩的捐赠并分发。同样，这些物

---

① 原留学长崎的一位中国留学生组织了这次捐赠。
② 健康包里有中药（连花清瘟胶囊）、医用口罩、N95口罩和消毒湿巾。春节包里有大米、色拉油、口罩、消毒液和消毒湿巾。爱心包里有10只儿童用口罩、20只成人用口罩、1张美容面膜。

资分发并不限于华妇联的成员以及中国国籍。有位国际婚姻移民的女性的日本婆婆因为当时没有口罩，不能出门甚至无法与邻人朋友交流，每天只能闷坐在家。这位中国媳妇从华妇联领回了口罩和护肤品后，也把一部分物资分给了她的婆婆使用，老人终于可以出门与朋友见面。另外，华妇联还将大量医用口罩等物资捐赠给长崎当地的医院、养老院、药局、大学等机构，得到了各机构的一致赞许和好评。

在救援物资的分配过程中，大量装有救援物资的纸箱先送到会长家。随后，两个协会的核心成员和志愿者共同完成了物资的拆包和分类工作。长崎市的分发点设置在会长家或中餐馆、点心铺等场所。而其他城市的分发则在长崎县内东西南北四个地点设置物资领取点，由志愿者驱车运往每个地点，并在各点指定一名联系人，附近居住的新华侨可以前来领取物资。至于偏远地区居住的会员，则由协会直接将物资邮寄。这样一来，在日本社会整体口罩短缺的时期，长崎的新华侨得到了从祖国无偿提供的防疫物资，用来保护自己和家人。同时，会长每天在微信群里提供了COVID-19相关汉语信息，即使日语不好的同胞也能够了解到重要信息。

COVID-19蔓延初期，世界各地针对华人及亚裔的歧视和偏见的事例时有发生。长崎虽然没有事件发生，但新华侨也有受歧视的经历。他们通过在新侨会与华妇联的微信群中吐露自己的情绪，获取同胞的理解和精神上的慰藉。在疫情期间，"中国人"作为共性凝聚的基础，已经无关国籍，超越了职业、阶层和教育的差异，在COVID-19时代创造了空前的团结。这两个团体在COVID-19之后成员人数猛增。通过疫情的应对，可以看到增强了新华侨团体间移民组织的向心力，为在日中国移民提供了一个交流沟通的平台和一个抱团取暖的地方。在异国定居的新华侨重新认识到祖国的发展和强大，切身体会到了侨务政策。

我们可以看到，在疫情下，新华侨虽然面临前所未有的困难，但也获得了一系列的援助。有从日本政府获得的补助金，也有通过新华侨团体获得的各种援助。这两个团体内部都建立了互助关系。第一，这种援助关系并不是单方向单次元的，移民不仅仅是一味接受援助的被动存在，相反也积极为母国募捐，且回馈所在国社会，显示出移民援助者身份与角色。第二，移民获得了来自移居国和母国政府两个国家的公助。具体来讲，可以看到新侨会在祖国发生疫情时积极募捐提供物资，也获得了来自祖国的援助物资。第三，形成了灾害时具有援助与被援助的多层次跨越国境的共助圈。华妇联同样向祖国提供了物资援助，同时又通过祖国的民间渠道获得物资援助，并向日本当地社区及其成员提供物资支持，这里充分显示出跨越国境的双向公助与共助的双向体系。这体现了"共助"的本来意义，即不分族裔的"地域社会的相互援助"（魁生 2020）。[①]

四、结语

综上，在面临 COVID-19 风险时，移民的现实境况，可以指出以下几点。首先，随着性别、就业状况和居住状况等变量的出现，移民生存的脆弱性在日本社会中再次暴露出来。由于 COVID-19 对经济的巨大冲击，给被置于社会结构中"弱势"地位的移民带来了更大的影响。在移民群体中，女性移民在劳动力市场上往往作为非正规劳动力，较多从事服务、旅游等行业，这些行业直接受到 COVID-19 影响巨大，许多人无法继续获得收入。但她们往往是家庭的重要经济来源或主要经济支柱，失去工作与整个家庭陷入贫困化直接相关。虽然当地政府也为他们发放了一时性福利公共补贴，但远远解决不了他们遭遇的生活困难。另外，从移民者的在留资格来看，持有"基于活动的在留资格"的外国人，需依附于就业单位，这一规定制约了移民从事工作的职业类别的选择和工作地点，疫情爆发后对他们的冲击较大。而持有"永住者"等"基于身份的在留资格"的移民则不受职业类别和工作地点的制约，相对来说可以平稳渡过危机。但从本文调查的新华侨的经历来看，有相当比例的人即使拥有"永住者"等稳定的在留身份，但由于他们是非正式员工从事临时性工作，而且还面临地方城市就业机会少等问题，不得不"遭

---

① 魁生由美子：《在日外国人の地域支援——在日コリアン集住地域のコミュティケアから》，《现代の社会病理》2020 年第 35 号，第 5—20 页。

遇了雷曼经济冲击后的'第二次危机'"[①]。因此,"基于身份的在留资格"的中国移民,同样受到脆弱的就业环境以及当地社区脆弱经济的影响。

其次,疫情期间,各国的防疫政策对流动性的限制导致一直往来于国内和国外之间维系家庭的生活被打乱。从在中国的家庭状况来看,COVID-19防疫政策也限制了移民与中国家庭间的直接互动,与国内的亲戚和朋友无法相见往来,由此也产生较大的心理压力。由于无法回国,使跨越中日国境的中国移民在维系中国的家庭生活方面遇到困难。不过,调查也发现,在这些移民群体中,需要定期给家人汇款来维持生计的人并不多。

最后,在 COVID-19 疫情期间,可以确认到跨国间的公助和多维度、多方向的共助现象。公助包括公共补贴,如日本政府和中国大使馆等政府机构发放的福利援助,对于中国人来说,移民不仅得到日本政府的支援,还得到了祖国的支援。在共助方面,首先,移民组织内部发起的互助频率远高于正常时期。第二,在日本,当地社区和移民之间已经形成了互助互济。华妇联向当地医院和其他机构捐赠物品是移民支持当地社区的一个例子。第三,还可以看到跨国境的共助。可以看到华妇联与中国民间组织之间的互动循环,这些现象显然是"在需要时相互帮助"的例子。公助不是仅限于传统的"居住国"的公共援助概念,还包括移民本国政府的公助,无论他们是否是该国的公民。跨国公助是由移民本国政府通过媒介组织,如新侨会等团体,向居住在国外的华侨华人所提供的。正如本文调查事例所示,在发生灾害时,对居住在其他国家的移民的救援在某种意义上能弥补所在国公助的不足。另一方面,它也有可能导致移民所在国各移民社区之间出现新的不平等现象,联动造成各移民群体之间的不平等现象。

如上,本文重点讨论了移民的组织在灾害发生时具有的作用。今后,还将继续关注移民组织在当地社区的特点、援助/被援助的移民的主体性,以及移民团体和移民之间的互动关系来不断深化这一研究。

---

① 鈴木江里子:《社会の脆弱性を乗り越えるために——コロナは移民/外国人政策に何をもたらしているか》,鈴木江里子編著:《アンダーコロナの移民たち——日本社会の脆弱性があらわれた場所》,明石書店,2021 年,第 7—32 頁。

〔鸣谢〕

诚挚感谢在本文调查过程中移民组织和团体给予的大力支持和帮助。本研究得到了日本科学研究补助金和国际联合研究加速基金（2020）国际联合研究增强计划（B）《COVID-19下女性移民的跨国生活世界的国际比较》（研究代表：赛汉卓娜）的资助。

日语语言学研究

定指、分离以及量化规则与语义指向的相关性

——以「たくさん」「すこし」为例

于 康[*]

摘 要 （1）「すこし」与「たくさん」只有在表示多数多量和少数少量时才会有对应的情况，但是由于「たくさん」只表多数和多量，不蕴含程度，而「すこし」表少数和少量，同时蕴含程度，特别是在很多情况下少数少量与程度形成语义连续统，不能截然分开，所以实际上「すこし」与「たくさん」并非对义词或反义词。（2）及物动词句中的宾语或非宾格不及物动词句中的主语为定指的个体时，如果这个定指的个体的内部还可以数量化，「すこし」可以指其内部构成的数量或数量的程度，「たくさん」没有这个功能。（3）「たくさん」和「すこし」的语义指向不仅会受到必有论元的制约，也会受到可有论元的制约。受可有论元制约时，绝大多数为非作格不及物动词。句中有没有必有论元或可有论元的共现，将会影响正确读解「たくさん」和「すこし」的语义指向。（4）动词是及物动词，表受事的宾语

---

* 于康，日本关西学院大学国际学部教授（日本兵库 662-8501）。

为不定指、可分离的集合体时,「たくさん」和「すこし」表宾语的数量;表受事的宾语为定指、不可分离的个体时,「たくさん」和「すこし」不表宾语的数量,而是表动作行为的动量。(5)动词是非宾格不及物动词,表受事的主语为不定指、可分离的集合体时,「たくさん」和「すこし」表主语的数量;表受事的主语为定指、不可分离的个体时,不能要求「たくさん」共现,但可以要求「すこし」共现。如果定指的个体的内部构成成分可以数量化,则可以要求「すこし」共现表定指的个体的内部构成成分的数量程度,但此时不能使用「たくさん」。(6)动词是非作格不及物动词,表施事的主语为定指、不可分离的个体时,「たくさん」和「すこし」表动量;表施事的主语为不定指、可分离的集合体时,「たくさん」不表动量,而是表主语的数量。但是,当句中有用「を」标记的可有论元共现时,「たくさん」和「すこし」多数用来表可有论元的数量。

关键词 「たくさん」和「すこし」;定指与不定指;集合体与个体;定指个体的数量化;非宾格与非作格

一、动词的类型与多数多量副词的语义指向

飛田、浅田(1994)认为「たくさん」表数量多,「すこし」表数、量、时间、距离、程度等少。「たくさん」与「すこし」构成对义词或反义词[1]。森田(1989)认为「たくさん」表多数和多量,表集合体的数量多,该集合体可以1、2、3来数,也可以表示数量的程度甚高[2]。町田(2021)认为「たくさん」「少し」「非常に」「ちょっと」「結構」等是副词,表示事物数量和事物特性的程度[3]。「たくさん」和「すこし」在句中既可以作为名词用作定语,也可以作为副词用作状语,这里我们只讨论用作状语时的问题。

「たくさん」和「すこし」用作状语时,语义指向是不同的。例如:

---

[1] 飛田良文・浅田秀子:《現代副詞用法辞典》,東京堂出版,1994年,第203、261頁。
[2] 森田良行:《基礎日本語辞典》,角川学芸出版,1989年,第143、218、1171頁。
[3] 町田健:《日本語文法総解説》,研究社,2021年,第95頁。

（1）a. 何か辛いものを<u>たくさん食べた</u>あとのように喉がひどく渇いた。（村上春樹『1Q84』）

b. 昼食にうどんを<u>少し食べた</u>あと、解熱剤と風邪のお薬を飲んだら、午後は2時間もグッスリと寝ました。（『国語研日本語ウェブコーパス』）

（2）a. データが<u>たくさん集まれば</u>学術的価値も高まり、新しい試みとして期待したい。（『毎日新聞』1995）

b. そんな中、素材が<u>少し集まって</u>きたので手持ちの素材分だけ裁縫のスキル上げをしてみました。（『国語研日本語ウェブコーパス』）

（3）a. ここ数日は激しい運動もしていないし、それほど<u>たくさん走ったり歩いたり</u>もしていないのに、何故か昨夜あたりから両足内股が、筋肉痛っぽいです。（『国語研日本語ウェブコーパス』）

b. そんなときは<u>少し走って</u>血液の循環を良くした方が疲れがとれやすいそうなので<u>少し走って</u>きました。（『国語研日本語ウェブコーパス』）

（1）a 的「たくさん」指的是用作宾语表受事的「辛いもの」的数量，（1）b 的「すこし」指的也是用作宾语表受事的「うどん」的数量。（2）a 的「たくさん」指的是用作主语表受事的「データ」的数量，（2）b 的「すこし」指的也是用作主语表受事的「素材」的数量。（3）a 的「たくさん」指的是「走る」「歩く」的动量，（3）b 的「すこし」指的也是「走る」的动量。

影山（1993）指出「たくさん」的语义指向与动词的类型有关[1]。当动词是及物动词时，语义指向宾语[2]；当动词是非宾格不及物动词时，语义指向主

---

[1] 影山太郎：《文法と語形成》，ひつじ書房，1993年，第54—55頁。
[2] 本文中的"语义指向宾语/主语"、"表宾语/主语的数量"并非指句中宾语或主语这个成分本身，而是指宾语或主语所表示的人或事物。全文相同。

语；当动词是非作格不及物动词时，语义指向动作行为。

（1）—（3）中「たくさん」的语义指向完全符合影山的规则，虽然影山（1993）没有涉及「すこし」，但通过上述例句的考察，影山的规则同样可以适用于「すこし」的解释。但是我们在日常的语言生活中，却经常可以遇到影山的规则不能解释的现象。例如：

（4）生活リズムを整え、早寝早起きをしたり、昼夜の区別をしっかりつけ、日中身体をたくさん使うことで、お子さんの成長とともに、睡眠リズムも整ってくるようになるとは思います。(『国語研日本語ウェブコーパス』)

（5）小学生の頃に、仲良くしてくれていた優しい一人の女の子をたくさん傷つけてしまったんです。(『国語研日本語ウェブコーパス』)

（6）坂道を人がたくさん歩いていた。出勤時らしいのである。
（松本清張『ゼロの焦点』）

（7）その救助を待つ人たちの前を一般の車がたくさん走っていました。(『毎日新聞』1995)

（4）的「使う」是及物动词，但是「たくさん」指的不是宾语「身体」的数量，而是「使う」的动量，即"多活动身体"。（5）的「傷つける」也是及物动词，「たくさん」指的同样不是宾语「一人の女の子」的数量，而是「傷つける」的动量，即"多次伤害了那个女孩子"。（6）的「歩く」是非作格不及物动词，但是「たくさん」指的不是「歩く」的动量，而是主语「人」的数量，即"很多人在坡道上走着"。（7）的「走る」也是非作格不及物动词，「たくさん」同样指的不是「走る」的动量，而是主语「一般の車」的数量，即"有很多一般的车辆驶过"。可见，影山（1993）的规则并不能完全解释及物动词和非作格不及物动词句中「たくさん」的语义指向问题。

对此，于（2011）使用定指和不定指、个体和集合体、可分离和不可分

离的概念对「たくさん」的语义指向进行了重新定义①：

(8) 当动词是及物动词，凡是表受事的宾语为不定指、可分离的集体时，「たくさん」表宾语的数量；凡是表受事的宾语为定指、不可分离的个体时，「たくさん」不表宾语的数量，而是表动作行为的动量。

(9) 当动词是非作格不及物动词，凡是表施事的主语为定指、不可分离的个体时，「たくさん」表动量；凡是表施事的主语为不定指、可分离的集合体时，「たくさん」不表动量，而是表主语的数量。

(4) 中的「使う」和 (5) 中的「傷つける」都是及物动词，受事宾语为定指、不可分离的个体，所以句中的「たくさん」不表受事宾语的数量，而是表动量。(6) 中的「歩く」和 (7) 中的「走る」都是非作格不及物动词，施事主语为不定指、可分离的集合体，所以「たくさん」不表动量，而是表施事主语的数量。

于 (2011) 的规则完善了影山 (1993) 的规则，解决了影山 (1993) 的规则不能解释的问题。但是，我们发现问题似乎还是没有完全解决，至少还有3个问题：

①可分离指的是不定指的集合体，不可分离指的是定指的个体。但是，不可分离指的只是个体的整体，并非涉及个体的内部。如果其内部的构成成分还可以数量化的话，现在的规则无法解释。

②影山 (1993) 的规则和于 (2011) 的规则无法解释「花がすこし咲いた」「ショパンはすこし聴いた」中「すこし」的用法。这里

---

① 于康：《名詞の定指示か不定指示と量の副詞の意味指示との関わり—『たくさん』を手がかりに—》，古希記念論集編集委員会編：《日中言語文化研究論集：横川伸教授古希記念》，白帝社，2011年，第1—13页。

的「すこし」有歧义，除了可以表示"花"的数量和"肖邦曲子"的数量外，还可以表示花瓣的数量和一首曲子的长度。而且，在表示花瓣的数量和一首曲子的长度时，「すこし」都不能用「たくさん」替换。为什么？

③影山（1993）的规则和于（2011）的规则所说的「たくさん」的语义指向，除了动量之外，指的都是必有论元的数量。但是，在非作格不及物动词句「お互いに残り少ない動けるうちに北海道の山を沢山／すこし登りたいことで意見の一致をみた。」中，「たくさん」「すこし」却既不表动量，也不表示施事主语的数量，而是表「北海道の山」的数量。「登る」是非作格不及物动词，主语是必有论元，「北海道の山」不是必有论元，而是可有论元。影山（1993）的规则和于（2011）的规则都没有涉及这个用法①。

基于上述的问题，本文从语义学角度出发，以「花がたくさん／すこし咲いた」「ショパンはたくさん／すこし聴いた」这样的句子为研究对象，讨论「すこし」的语义指向规则，论证「すこし」与「たくさん」的不对称性和是否表程度以及表什么程度的问题，并在这个基础上，讨论非作格不及物动词句中可有论元与「たくさん」「すこし」的语义指向之间的制约关系，以寻求涵盖面更广、更具普遍意义的新规则。

二、「すこし」与「たくさん」的不对称性

「たくさん」和「すこし」在句中能否使用，首先会受到谓语句式的制约。例如：

（10）a. 顔が少し赤いのは、明らかにアルコールのせいです。

---

① 于（2011:1-13）只是在文中提到了存在这种用法，但没有展开论述。

（『国語研日本語ウェブコーパス』）

b. ×顔がたくさん赤い

（11）a. 彼女もそんな僕を見て、少し喜んでいるように見えた。

（『国語研日本語ウェブコーパス』）

b. ×彼女もたくさん喜んでいる

（10）是形容词谓语句，（11）是心理动词谓语句。形容词谓语句和心理动词谓语句可以允许「すこし」共现，但不允许「たくさん」共现。这是因为形容词或心理动词蕴含程度，可以要求程度副词共现，限定其属性或状态的程度，但不能要求数量副词共现、表数量。（10）指的是脸色状态的程度，（11）指的是心理状态的程度，这些程度都无法数量化。

「たくさん」和「すこし」在句中能否使用，使用后的语义指向是否相同，还会受到用作主语或宾语成分的语义特征的制约。例如：

（12）買い物のときなんかにその公園の近くを通るのですが、小さな花が少し咲いているんですよ。（『国語研日本語ウェブコーパス』）

（13）2つの花が少し咲いている。（『国語研日本語ウェブコーパス』）

（12）—（13）虽然都是动词谓语句，但不是心理动词谓语句。句中的「すこし」表数量，不表程度。在表数量时，（12）中的「すこし」和（13）中的「すこし」语义指向不同。（12）中的动词「咲く」是非宾格不及物动词，受事主语「小さな花」为不定指、可分离的集合体，所以「すこし」指「小さな花」的数量。句中的「すこし」可以用「たくさん」替换。但（13）就不同了。受事主语「2つの花」是定指的个体，「すこし」既不指「2つの花」的数量，也不表「咲く」的动量，指的是两朵花各自的花瓣张开的量。句中的「すこし」不能用「たくさん」替换，说成「×2つの花がたくさん咲いている」。我们再来看一些例句：

（14）ＴＶでオンエアされていたこの曲を少し聞いただけで自分は「いいなぁ～」と思ってしまい、彼女の事を色々と調べてしまいました。(『国語研日本語ウェブコーパス』)

（15）ヴォロドス編曲トルコ行進曲を少し弾いてみた。(『国語研日本語ウェブコーパス』)

（16）「僕のねーちゃん、独りよがり♪」という歌を少し歌っていた。(『国語研日本語ウェブコーパス』)

（14）—（16）中的动词都是及物动词。（14）中的受事宾语「この曲」为定指的个体，但「すこし」指的既不是「この曲」的数量，也不是「聞く」的动量，而是这个曲子的一小部分。（15）中的「トルコ行進曲」和（16）中的「『僕のねーちゃん、独りよがり♪』という歌」也都是定指的个体，句中的「すこし」表示的既不是曲子、歌曲的数量，也不是「弾く」「歌う」的动量，而是「トルコ行進曲」只弹了一小段、「『僕のねーちゃん、独りよがり♪』という歌」只唱了一小部分，即一个定指个体内部的一小部分。（14）—（16）中的「すこし」都不能用「たくさん」替换，如果说成「この曲をたくさん聞いた」「トルコ行進曲をたくさん弾いてみた」「『僕のねーちゃん、独りよがり♪』という歌をたくさん歌っていた」则变成表动量。这是因为「たくさん」不能用来表示定指的个体中可数量化的部分。

「この曲を少し聞いた」和「この花は少し咲いた」中的主语都是定指的个体，但两者还不太一样。「この曲を少し聞いた」是个歧义句，「すこし」有两个意思：一个是指动量，一个是指一首曲子中的一小段。表动量时，可以用「たくさん」替换，说成「この曲をたくさん聞いた」，表一首曲子中的一小段时，不能用「たくさん」替换。与此相比，「この花は少し咲いた」中的「すこし」只用来表定指的个体中可数量化的部分，即一朵花开了若干大小不一的花瓣，不能表动量，所以不能用「たくさん」替换。

一首曲子可以分成若干小节或长短不一的小片段，一朵花可以分为若干大小不一的花瓣，虽然一首曲子和一朵花都是定指的个体，但它们都有一个共性：这些定指的个体的内部构成都可以数量化。仁田（2002）认为「すこし」限定个体的数量，属于"量程度副词"，表空间的宽度、距离的空間量、存续量和事物程度的状态。[①] 通过上述的讨论可以得知，除了形容词谓语句和心理动词谓语句外，上面所列举的「すこし」的例句都是与表事物的数量有关，而不是事物程度的状态。之所以「すこし」可以表定指的个体中可数量化的部分，而「たくさん」不能，这是因为「たくさん」只能用来表示以个体为基数的数量，而「すこし」不仅可以表示以个体为基数的数量，还可以表示定指的个体内部的数量的程度。

（17）菜の花色を追加してひまわりの中心を少し塗りました。
（『国語研日本語ウェブコーパス』）

（17）也是如此，句中的「ひまわりの中心」是定指的个体，「塗る」是及物动词，「すこし」表示的既不是「ひまわりの中心」的物体数量，也不是「塗る」的动量，而是「ひまわりの中心」的一小部分，即"在向日葵的中心部涂了一点（颜色）"。句中的「すこし」也不能用「たくさん」替换。

综上所述，「すこし」与「たくさん」实际上并不完全对称，所以不能构成对义词，也不能构成反义词。

三、可数量化与不可数量化

这里的可数量化指的是定指的个体内部构成内容可以再进行分解的现象；不可数量化指的是定指的个体内部构成内容不能再进行分解的现象。例如：

（18）a. 今日は唐揚げを少し食べたし、普通のご飯も少し食べた。
（『国語研日本語ウェブコーパス』）

[①] 仁田義雄：《副詞的表現の諸相》，くろしお出版，2002年，第185、187、234、260页。

　　　　　b. 唐揚げをたくさん食べるのはやめようと思います（涙）。
　　　　　（『国語研日本語ウェブコーパス』）
　　（19）a. 街中を歩いていると、メルセデスやＢＭＷなどの高級外
　　　　　車もたくさん走っていますが、ボロボロのバイクもたくさ
　　　　　ん走っている…といった感じで、日本に比べてかなり国内
　　　　　での生活レベルの格差が大きい様に感じました。（『国語
　　　　　研日本語ウェブコーパス』）
　　　　　b. 自転車用道路には通勤用と思われるクロスバイクとロード
　　　　　バイクが少し走っている。（『国語研日本語ウェブコーパス』）
　　（20）ヴォロドス編曲トルコ行進曲を少し弾いてみた。（『国語研
　　　　　日本語ウェブコーパス』）＝（15）

　　（18）中的「唐揚げ」「ご飯」由数个个体合成，属于不定指的集合体，可数量化。（19）中的「メルセデスやＢＭＷなどの高級外車」「ボロボロのバイク」「クロスバイクとロードバイク」属于不定指的集合体，可数量化。但是，（20）中的「ヴォロドス編曲トルコ行進曲」是定指的个体，其本身不能数量化，但其内部构成内容可以再分解，可以数量化。所以，（18）a 的「すこし」和（18）b 的「たくさん」指的都是「唐揚げ」「ご飯」的数量，（19）a 的「たくさん」和（19）b 的「すこし」指的都是主语「メルセデスやＢＭＷなどの高級外車」「ボロボロのバイク」「クロスバイクとロードバイク」的数量，而不是动量，但（20）的「すこし」指的是定指个体「ヴォロドス編曲トルコ行進曲」内部构成的数量。

　　（21）a. ショパンはたくさん聞いた。
　　　　　b. ショパンは少し聞いた。
　　（22）a. 花はたくさん咲いた。
　　　　　b. 花は少し咲いた。

（21）—（22）都是歧义句。（21）中的「ショパン」（指的是肖邦的曲子）如果是不定指的集合体，并且可数量化，「たくさん」和「すこし」都用来表示主语肖邦曲子的数量，即"听了很多肖邦的曲子"或"听了一些的肖邦的曲子"。如果「ショパン」是定指的个体，并且不可数量化，「たくさん」和「すこし」都用来表示动量，即听的次数多或少，即"听了很多次肖邦的曲子"或"听了几次肖邦的曲子"。如果「ショパン」是定指的个体，而且是可数量化的定指的个体，「すこし」指肖邦一个曲子内的一小段内容，即"肖邦（的那首曲子）听了一点"，此时不能使用「たくさん」替换。（22）与（21）不同。（22）中的「花」如果是不定指的集合体，「たくさん」和「すこし」都用来表示主语「花」的数量。如果「花」是定指的个体，「たくさん」和「すこし」都不能用来表示动量，这点与（21）不同。这是因为（21）中的动词是及物动词，而（22）中的动词是非宾格不及物动词。但是，定指的个体「花」其内部构成如果能够数量化，可以使用「すこし」表示花瓣的数量或花瓣展开的程度，但不能使用「たくさん」。

另外，定指的个体是否可数量化，在很多情况下与名词和谓语动词的语义关系有关。例如：

（23）ピクシブのプロフィール画像用に、だいぶまえの絵を少し塗って遊んでみました。（『国語研日本語ウェブコーパス』）

（24）それに下駄箱に色を塗った時の余ったペンキを少し塗ってみたよ。（『国語研日本語ウェブコーパス』）

（23）中的「まえの絵」和（24）中的「余ったペンキ」在句中都用作宾语，但是与动词「塗る」的语义关系不同。「まえの絵」表处所，是处所宾语，「余ったペンキ」表受事，是受事宾语。在「塗る」动词谓语句中，处所宾语「まえの絵」是定指的个体，其内部构成可数量化，此时「すこし」表处所的数量，不表涂料的数量，即涂抹了一小部分空间。受事宾语「余ったペンキ」是定指的集合体，其本身可数量化，此时「すこし」表受

事的数量，不表处所的数量，即涂抹了一点油漆。

四、论元共现与「たくさん」「すこし」的语义指向

　　句中有两类论元：必有论元和可有论元。必有论元指的是句子完句和语义自足必须有的论元，可有论元指的是对句子是否完句和语义自足没有影响，但可以添加各种各样语义的论元。从必有论元的角度比较影山（1993）的规则和于（2011）的规则，可以发现两个规则之间有一个共同点和一个不同点：

　　A. 共同点

　　有关「たくさん」和「すこし」语义指向的讨论都是以必有论元为对象，并没有涉及可有论元。

　　B. 不同点

　　影山（1993）的规则是以「たくさん」与动词共现时默认的语义指向为根据得出的规则，如「たくさん飲んだ」「たくさん産まれた」「たくさん遊んだ」，并非是在一个完整的句子中得出的规则，所以忽视了主语或宾语的语义特征。于（2011）的规则正好相反，是在一个完整的句子中，根据主语或宾语的语义特征对「たくさん」语义指向制约得出的规则，所以句中必有论元的共现以及语义特征显得非常重要。

　　当动词是及物动词时，「たくさん」和「すこし」[1]不能表主语的数量[2]，只能用来表宾语的数量，或动作行为的动量。当动词是非宾格不及物动词时，「たくさん」和「すこし」表主语的数量，但不能表可有论元的数量[3]，

---

[1] 「すこし」与「たくさん」并非对称，语义指向是有条件的。可以使用「たくさん」的句子中未必能够用「すこし」替换。

[2] 至于为什么不能用来表主语的数量，有待研究。

[3] 这里的可有论元的数量指的也并非是句中有几个可有论元，而是指可有论元表示的事物的数量。全文相同。

也不能表动作行为的动量。当动词是非作格不及物动词时，「たくさん」和「すこし」不仅可以表主语的数量，也可表动作行为的动量，甚至还可以表可有论元的数量。也就是说，在三类动词中，只有非作格不及物动词的语义指向会因共现成分而发生变化。例如：

（25）今日はたくさん歩いた。(『国語研日本語ウェブコーパス』)

（26）長男はたくさん歩いて疲れちゃったみたい。(『国語研日本語ウェブコーパス』)

（27）雨降りだけど、休日の代官山、人はたくさん歩いていました。(『国語研日本語ウェブコーパス』)

（28）広い公園をたくさん歩いて疲れたのかルークはカートに乗るなり寝ちゃった。(『国語研日本語ウェブコーパス』)

（29）その中で、たまたまラーメンが好きだったものですから、北海道にあるおいしいラーメン店をたくさん歩いていたわけです。(『国語研日本語ウェブコーパス』)

（30）花を持ってる人が新宿駅周辺をたくさん歩いてる。(『国語研日本語ウェブコーパス』)

（25）—（30）中的动词「歩く」是非作格不及物动词。（25）没有主语共现，「たくさん」表动量。（26）有主语「長男」共现，「長男」是定指的个体，不可再数量化，句中的「たくさん」表动量，不表主语「長男」的数量，不能说成「たくさんの長男」。与此不同，（27）也有主语「人」共现，但是这个「人」是不定指的集合体，可以再数量化，所以句中「たくさん」表「人」的数量，可以说成「たくさんの人」，不表动量。

（28）—（30）都有表处所的可有论元共现，但句中「たくさん」的语义指向不同。（28）的「たくさん」指的是可有论元「広い公園」的路程长度[①]，

[①] 如果有语境的支持，句中的「たくさん」也可以解释为「広い公園」的数量，即「たくさんの公園を歩いて疲れた」。

即"沿着大公园走了很长一段（公园里面的路）"①。(29)的「たくさん」指的是可有论元「おいしいラーメン店」的数量，可以说成「たくさんのおいしいラーメン店を歩いていた」。(30)的「たくさん」指的是必有论元「花を持ってる人」的数量，可以说成「たくさんの花を持ってる人が新宿駅周辺を歩いてる」。(28)—(29)中如果没有「広い公園」「北海道にあるおいしいラーメン店」共现，(30)没有「花を持ってる人」「新宿駅周辺」共现，这三个句子中的「たくさん」都只能用来表动量。再例如：

（31）昨日は坂や階段をたくさん登ったので足がパンパンです。
（『国語研日本語ウェブコーパス』）

（32）名高い名峰をたくさん登った。（『国語研日本語ウェブコーパス』）

(31)—(32)中，动词「登る」是非作格不及物动词，「坂や階段」「名高い名峰」表示动作的处所，而且这些处所都是不定指的集合体，都可以数量化。句中的「たくさん」表示「坂や階段」「名高い名峰」的数量，而不是动量。但是如果句中没有「坂や階段」「名高い名峰」共现，「たくさん」就只能表动量了。

在非作格不及物动词句中，除了「行く」「来る」外，能够制约「たくさん」和「すこし」语义指向的基本都是用「を」标记的可有论元。用「を」标记的可有论元有三个用法：表路径、表动作处所和表起点。其中表起点的可有论元与「たくさん」和「すこし」的语义指向无关。

---

① 有人可能会有疑问，例句(27)中的「たくさん」为什么不能解释为动量。实际上，动量也是数量的一种，动量重点在动作行为的量上，主要指动作行为次数的量、花费的时间量等。即侧重点不同。动量与定指的个体可数量化的部分构成语义连续统，即为"人脸与花瓶"的关系。前景义为动量时，背景义为可数量化的距离或空间等长度，同样，前景义为可数量化的距离或空间等长度时，背景义为动量。前景义最先激活，背景义需要条件才能激活。

（33）沖縄の海をたくさん泳ぎましょう。(『国語研日本語ウェブコーパス』)

（34）盛り上がりすぎて、港から大量の人が海へ落ちたが、彼らは平気な顔でぷかぷかと漂っている。私たちの方は、海を少し泳いだ先で、石のブロックでできた階段を登り、船に乗った。(『国語研日本語ウェブコーパス』)

（35）わがままかも知れないけれど、同じ路線をたくさん飛んでいるものだったら「おこちゃま便」とか欲しいです。(『国語研日本語ウェブコーパス』)

（36）いよいよチェンナイの街の明かりが見えてきました。飛行機が、夜の暗いチェンナイの街の上空を少し飛び、これまた薄暗いチェンナイの国際空港に着陸しました。(『国語研日本語ウェブコーパス』)

（33）—（36）中的动词「泳ぐ」「飛ぶ」都是非作格不及物动词。（33）中的「沖縄の海」和（34）中的「海」都表动作处所，（35）中的「同じ路線」表路径，（36）中的「チェンナイの街の上空」表动作处所，这些论元都使用「を」标记。（33）是个歧义句，句中的「たくさん」既可以表示「沖縄の海」的数量，也可以表示「泳ぐ」的动量。但是，如果句中没有「沖縄の海」共现，那么「たくさん」只能表示「泳ぐ」的动量。（34）的「少し」指的不是「海」的数量，也不是「泳ぐ」的动量，而是游的「海」的长度数量。同样，如果句中没有「海」共现，那么「たくさん」只能表示「泳ぐ」的动量。（35）的「たくさん」指的是「同じ路線」的数量，不是「飛ぶ」的动量，如果句中没有「同じ路線」共现，那么「たくさん」只能表示「飛ぶ」的动量。（36）的「少し」指的不是「飛行機」的数量，也不是「飛ぶ」的动量，而是飞机飞行的「夜の暗いチェンナイの街の上空」空间长度的数量，同样，如果没有「夜の暗いチェンナイの街の上空」的共现，「少し」只能表示「飛ぶ」的动量。

也就是说，「たくさん」和「すこし」的语义指向不仅会受到必有论元的制约，也会受到可有论元的制约。有没有必有论元或可有论元的共现，将会影响正确读解「たくさん」和「すこし」的语义指向。

五、小结

以上我们从语义学角度出发，以「花がたくさん/すこし咲いた」「ショパンはたくさん/すこし聴いた」这样的句子为研究对象，讨论了「すこし」的语义指向规则，论证了「すこし」与「たくさん」的不对称性的问题，并在这个基础上，讨论了非作格不及物动词句中可有论元与「たくさん」「すこし」语义指向之间的关系，结论如下：

①「すこし」与「たくさん」只有在表示多数多量和少数少量时才会有对应的情况，但是由于「たくさん」只表多数和多量，不蕴含程度，而「すこし」表少数和少量，同时蕴含程度，特别是在很多情况下少数少量与程度形成语义连续统，不能截然分开，所以实际上「すこし」与「たくさん」并非对义词或反义词。

②及物动词句中的宾语或非宾格不及物动词句中的主语为定指的个体时，如果这个定指的个体的内部还可以数量化，「すこし」可以指其内部构成的数量或数量的程度，「たくさん」没有这个功能。

③「たくさん」和「すこし」的语义指向不仅会受到必有论元的制约，也会受到可有论元的制约。受可有论元制约时，绝大多数为非作格不及物动词。句中有没有必有论元或可有论元的共现，将会影响正确读解「たくさん」和「すこし」的语义指向。

④动词是及物动词，表受事的宾语为不定指、可分离的集合体时，「たくさん」和「すこし」表宾语的数量；表受事的宾语为定指、不可分离的个体时，「たくさん」和「すこし」不表宾语的数量，而是表动作行为的动量。

⑤动词是非宾格不及物动词，表受事的主语为不定指、可分离的集合体时，「たくさん」和「すこし」表主语的数量；表受事的主语为定指、不可

分离的个体时，不能要求「たくさん」共现，但可以要求「すこし」共现。如果定指的个体的内部构成成分可以数量化，可以要求「すこし」共现表定指的个体的内部构成成分的数量程度，但此时不能使用「たくさん」。

⑥动词是非作格不及物动词，表施事的主语为定指、不可分离的个体时，「たくさん」和「すこし」表动量；表施事的主语为不定指、可分离的集合体时，「たくさん」不表动量，而是表主语的数量。但是，当句中有用「を」标记的可有论元共现时，「たくさん」和「すこし」多数用来表可有论元的数量。

我们在读取或理解句中成分的语义指向时，有一个非常重要的条件，这就是无条件激活的前景义和有条件激活的背景义之间的关系。无条件激活的前景义指的是默认的意思，有条件激活的背景义指的是需要语境支撑的意思。

（37）a. 窓を開けてみるとまだ消防車が<u>たくさん</u>止まっていて確かにこげた臭いが充満していますが大事に至らなくてほんとうによかったです。(『国語研日本語ウェブコーパス』)
　　　 b. 地震の後、電車が<u>少し</u>止まったらしい。『国語研日本語ウェブコーパス』)

（37）a和b中的动词都是非宾格不及物动词「止まる」。（37）a中「たくさん」无条件激活的前景义是受事主语「消防車」的数量，这是因为默认义为当动词是非宾格不及物动词时，「たくさん」指受事主语「消防車」的数量。而（37）b中「少し」就不同了，无条件激活的前景义不是受事主语「電車」的数量，而是停车的时间。这是因为当「少し」与「止まる」共现时，默认义为指动作行为的数量程度。同样是非宾格不及物动词，在「親戚も<u>少し</u>集まって、ご馳走を食べる」「これで車の資金が<u>少し</u>貯まった」中，「少し」无条件激活的前景义是受事主语「親戚」「車の資金」的数量。由此可见，「たくさん」和「すこし」的默认义还会受到动词类型的制约。至于会受到何种类型动词的制约，尚待研究。

另外，通过上面的讨论我们得知，并非所有类型的动词都可以自由自在地与「たくさん」和「すこし」共现。非作格不及物动词句中，除了用「を」标记的可有论元外，其他论元会不会制约「たくさん」和「すこし」的共现和语义指向，及物动词和非宾格不及物动词句中，可有论元是否也可以制约「たくさん」和「すこし」的共现和语义指向，这些都尚待研究。

日语位移事件表达类型认知语义研究
——与西班牙语对比

姚艳玲　蔡凌云　张建伟*

摘　要　本文以位移事件类型学为理论框架，基于日语和西班牙语对比的视角，使用日语小说语料和西班牙语的对译语料，考察了日语和西班牙语位移事件构成要素编入动词的类型及分布，分析了同为"动词框架语言"的两种语言位移事件词汇化模式的特征及异同。考察结果发现西班牙语路径动词使用比例较高于日语，而日语表示路径和方式要素时较多依赖动词的词汇化手段。日语在位移事件路径要素的突显程度上略低于西班牙语，西班牙语的"动词框架语言"特征更为显著。

关键词　位移事件类型学；动词框架语言；句法核心；路径；方式

---

*　姚艳玲，大连外国语大学日本语学院教授（辽宁大连 116044）；蔡凌云，大连外国语大学欧洲语言学院本科生（辽宁大连 116044）；张建伟，大连外国语大学日本语学院讲师（辽宁大连 116044）。

基金项目：本文为国家社会科学基金项目"日汉语位移构式及构式选择认知类型学研究"（项目编号：16BYY184）、2021年度大连外国语大学大学生创新创业训练计划项目"汉—日—西语'位移'表达式跨语言类型学研究"（项目编号：202110172A215）的阶段研究成果。

一、引言

　　位移是指人或物体在时间推移的过程中改变其空间的位置关系。它是我们与外部世界互动中最基本的方式，也是我们感知、认识外部世界的行为基础。位移是构成客观世界的基本事件之一，对其语言编码的表达式也成为人类语言表达中最基本的内容。研究位移事件的表达式既可以促进我们深入探究人类语言表达的基本性质，又可以促使我们通过位移的编码方式深入探析人类认知位移事件的基本方式。可以说位移事件为我们研究语言与认知及思维之间的关系开启了一扇重要的窗口。

　　位移事件的基本类型是位移主体伴随时间的变化而发生空间位置关系变化的动态事件，称之为"自主位移事件"，由位移主体、参照物、（位移）路径、（位移）方式等基本要素构成。位移是我们日常生活中的普遍现象，构成位移事件的要素也是共通的。但是在表达层面对这些基本要素是否编码以及如何编码在不同的语言之间却存在着差异。本文考察日语位移事件基本要素的编码方式，基于语言使用的实际状况分析日语位移事件要素编入动词的类型及分布，并展开日语和西班牙语的对比研究，揭示同为"动词框架语言"的两种语言位移事件词汇化模式的共性和个性差异，验证日语位移事件编码方式的类型归属。

二、位移事件表达研究概述

（一）位移事件类型学研究

　　Talmy（1985）认为位移事件由位移主体（图形/Figure）、路径（Path）、位移参照物（背景/Ground）及位移的方式（Manner）、致使位移发生的原因（Cause）等要素构成。[1]他提出了词汇化（lexicalization）的概念，考察表达

---

[1] Leonard Talmy, "Lexicalization patterns: Semantic structure in lexical forms", In Timothy Shopen, ed., *Language typology and syntactic description Vol. III: Grammatical categories and the lexicon*, Cambridge: Cambridge University Press, 1985, pp. 57-149.

位移的动词语义编入了构成位移事件的何种要素，并根据这些构成要素中哪些成分会词汇化为动词将世界语言的位移表达划分为三种类型。

一种类型是像英语"The bottle floated out of the cave"所表达的这样，位移的方式"漂浮"编入了动词"float"，路径"（飘着）出"由介词"out"编码。Talmy将这种附属在动词后面的成分称为"卫星语素"（satellite）。这种类型代表性的语言有英语和德语等，明显具有这种类型特征的语言大多拥有数量较多的"方式动词"。另外一种类型是像西班牙语"La botella salió de la cueva flotando"所表达的这样，位移的路径"出去"词汇化为动词"salió"，而位移的方式"漂浮"由动名词成分"flotando"编码。这种类型代表性的语言有西班牙语和日语。这种类型的语言大多拥有数量较多的"路径动词"。第三种类型是位移主体词汇化为动词，代表性的语言为阿楚格维语。

Talmy（2000）将词汇化理论发展为事件融合的类型学（typology of event integration），提出"框架事件"（framing event）和"副事件"（co-event）共同融合为"宏事件"（macro-event）。他认为位移事件的核心图式（core scheme）是路径，将路径由动词编码的西班牙语、日语等语言称之为"动词框架语言"（verb-framed language），而将英语等路径由附加语素编码的语言称之为"附加语框架语言"或"卫星框架语言"（satellite-framed language）。[1] 在词汇化类型学理论中属于第三种类型的阿楚格维语在事件融合类型学理论中被划分为"卫星框架语言"。Talmy认为"附加语素"除英语的介词之外，还包括德语动词的词缀，汉语复合动词的后项动词，即趋向补语等。因此他将汉语归属为和英语一样的"卫星框架语言"。关于汉语的归属国内外学界各执己见，观点尚未统一（Slobin 2004、Talmy 2000、沈家煊 2003、史文磊 2014等）。[2]Slobin基于泰语中方式和路径要素均由动词来编

---

[1] Leonard Talmy, *Toward a Cognitive Semantics*(Vol. Ⅰ: Concept Structuring Systems: Vol. Ⅱ: Typology and Process in Concept Structuring), Cambridge, MA: MIT Press, 2000.（李福印等译：《认知语义学（卷Ⅰ 概念构建系统）》，北京大学出版社2017年版；李福印等译：《认知语义学（卷Ⅱ 概念构建的类型和过程）》，北京大学出版社2019年版。）

[2] Slobin Dan I., "The many ways to search for frog: linguistic typology and the expression of motion events". In Sven Strömqvist & Ludo Verhoven, *Relating Events in Narrative: Typological and Contextual*

码的特点，将泰语和汉语另立为除"动词框架语言"和"卫星框架语言"之外的第三种类型，称之为"均等框架语言"（equipollently-framed languages）。

（二）日语位移事件表达类型学研究

松本（1997）最早较为系统地讨论了位移动词词汇化。① 全文基于日英对比的视角，围绕空间位移的语言表达及其扩展形式展开了细致全面的考察和分析。松本参照 Talmy（1985）的研究范式从作为句法核心的动词的词化编入角度详细描写了构成位移事件的各个要素编入日英语位移动词的词汇化类型。松本（1997）不仅讨论了一般位移动词的词汇化类型，还将位移事件要素的词化编入扩展至致使义的位移动词，对日英语致使位移动词的词汇化类型也进行了细致的考察和分析。松本（1997：152-153）认为日英语在一般位移动词词汇化类型的差异表现为，英语编入方式的位移动词数量较多，编入路径及方向性的位移动词数量较少。而日语与其相反，编入路径及方向性的位移动词数量较多，编入方式的位移动词较少。

松本（2017）突出的特色是将一般位移表达（"主体移动表现"）扩展至致使位移表达（"客体移动表现"）和抽象位移表达（"抽象的放射表现"），从更广域的视角来讨论路径表达的特征。② 同时将 Talmy 没有予以充分关注的路径的指示特征（deixis，"ダイクシス"）也纳入了考察的范围。最后根据路径表达的位置提出了"核心表示类型""核心外表示类型""副核心表示类型"的三分类方法。

（接上页）*Perspectives*, Mawah: Lawrence Erlbaum, 2004, pp.219-257; Talmy, Leonard, *Toward a Cognitive Semantics*(Vol. I: Concept Structuring Systems; Vol. II: Typology and Process in Concept Structuring), Cambridge, MA: MIT Press, 2000；沈家煊：《现代汉语"动补结构"的类型学考察》，《世界汉语教学》2003 年第 3 期，第 17—23 页；史文磊：《汉语运动事件词化类型的历时考察》，商务印书馆2014 年版。

① 松本曜：《空間移動の言語表現とその拡張》、田中茂範・松本曜編：《日英語比較選書6 空間と移動の表現》、研究社出版、1997 年，第 126—230 页。

② 松本曜：《移動表現の類型に関する課題、日本語における移動事象表現のタイプと経路表現、移動表現の性質とその類型性》、松本曜編：《移動表現の類型論》、くろしお出版、2017 年，第 1—24、247—273、337—353 页。

"核心表示类型"的语言是指包括扩展类型的位移表达在内,其路径的句法位置均出现在主要动词(松本曜界定为最后一个动词)的语言,这种类型的语言数量较少,主要有法语、意大利语。而且就所调查的语言来看,抽象位移表达的路径均出现在主要动词以外的位置。日语因为当指示成分("直示動詞")与路径共现时,指示("deixis")会占有主要动词的位置,因此松本将其称为"准核心表示类型"的语言。而"核心外表示类型"的语言是指路径出现在非主要动词的位置,以及由词缀等动词附属要素或附置词等名词相关要素表达的语言,如英语、德语、俄语、匈牙利语、汉语等。"副核心表示类型"是指像泰语这样动词并列型的语言。

　　另外根据三类位移事件表达类型的路径是否由共通的成分来表达,又提出按上述三分类的语言可以分为两种类型。一类是各位移事件类型使用共通的路径表达,称之为"共通要素语言(Common-item language)"。另一类是自主位移表达和致使位移表达使用各自特定的路径表达,称之为"特定要素语言(Specialized-item language)"。并指出核心表示类型语言及准核心表示类型语言通常是"特定要素语言",而核心外表示类型语言和副核心表示类型语言大多为"共通要素语言"(松本 2017:338,349-350,352)。松本基于三类位移表达中路径出现的句法位置及表达路径的成分的特征,在 Talmy 提出的类型基础上,对跨语言位移表达的类型学归属进行了更为精细和周全的划分。

　　松本(2021)是松本关于位移表达类型学研究的最新成果。[①] 基于松本(2017)的类型学分类考察了作为第二语言(L2)的日语、英语、匈牙利语学习者如何表达事物的位移。从第二语言习得的视角探讨了母语的位移表达类型对学习者习得第二语言位移表达的影响。在概述日语位移表达时,松本(2021:16-17)认为通常日语被分类为"路径核心表示类型语言(或'动词框架语言')",但路径并不总是由核心来表示。除动词以外日语还具有各种

---

① 松本曜:《移動表現の類型論とその研究方法》,吉成裕子・眞野美穂・江口清子・松本曜:《移動表現の類型論と第二言語習得——日本語・英語・ハンガリー語学習の多元的比較》,くろしお出版,2021年,第9—35页。

编码路径的方式,如"弟は｛ここに/家から｝走ってきた",在表达起点、终点等位移路径要素"FROM""TO"时,通常使用后置词"から""に"。另外如"ジョンは部屋の中に入った",在同一句中还可以重复编码同一路径概念,在表达向终点位移并进入参照物内部的"TO, IN"概念时,以"位置名词+后置词"和动词的多重方式来编码路径。因此松本(2021)指出日语在表示路径时呈现出复杂的多样性。

围绕日语、汉语、英语等语言的类型归属前人学者确立了理论框架,并界定了分类标准。而关于路径的词汇化模式对比研究较多集中在日英(松本 1997、古贺 2016、2017、小野 2004)和英汉(李雪、白解红 2009,李雪 2010,吴建伟、潘艳艳 2017)等语言之间,讨论日语与除英语及汉语以外的其他语言的实证对比研究迄今为止尚不多见。[①] 因此本文将以日语原文语料为基础,展开和与日语属于同一类型的西班牙语之间的对比研究。基于位移表达的实际语例,考察"路径"和"方式"要素的编码方式,探讨书面语中位移表达的词汇化模式,进而实证日语和西班牙语的类型学特征,揭示两种语言之间在表达位移事件时编码方式的异同。

三、日语原文语料位移动词类型

本文的考察和分析使用实际语言生活中的真实语料。鉴于口语语料会出现编码信息的省略,本文沿用前人研究(松本 2017)的语料收集方法,选取

[①] 松本曜:《空間移動の言語表現とその拡張》,田中茂範・松本曜編:《日英語比較選書 6　空間と移動の表現》,研究社出版,1997 年;古賀裕章:《自律移動表現の日英比較 ——類型論的視点から》,藤田耕司・西村義樹編:《日英対照　文法と語彙への統合的アプローチ　生成文法・認知言語学と日本語学》,開拓社,2016 年;古賀裕章:《日英独露語の自律移動表現 ——対訳コーパスを用いた比較研究》,松本曜編:《移動表現の類型論》,くろしお出版,2017 年;小野尚之:《移動と変化の言語表現:認知類型論の視点から》,佐藤滋・堀江薫・中村渉編:《対照言語学の新展開》,ひつじ書房,2004 年;李雪、白解红:《英汉移动动词的对比研究 ——移动事件的词汇化模式》,《外语与外语教学》2009 年第 4 期;李雪:《英汉移动动词词汇化模式的对比研究 ——一项基于语料的调查》,《西安外国语大学学报》2010 年第 18 卷第 2 期;吴建伟、潘艳艳:《英汉日运动事件动词的句法 ——语义比较研究》,《外语研究》2017 年第 2 期。

小说文本使用书面语语料。

日语原文小说选取了村上春树所著《挪威的森林》（上、下）。主要考虑一是这部小说有关位移表达的描写较为丰富，实际用例数量较多；二是这部小说已被翻译成汉、英、韩、西班牙语等多种语言，便于开展日语与汉语及其他语言之间的对比研究。本文在确定语料是否为自主位移表达时，以语句是否表达现实的位移、是否对位移所经由的路径（包括起点、经过点、终点）进行编码为判断标准。按照这一标准从《挪威的森林》（上、下）中共收集位移动词类型数 47 个。

松本（1997：141、143）列举了日语代表性的融入路径的位移动词和融入方式的位移动词。

（1）a. 行く、来る、登る、下る、上がる、下がる、降りる、落ちる、沈む、戻る、帰る、進む；

b. 越える、渡る、通る、過ぎる、抜ける、横切る、曲がる、くぐる、回る、巡る、寄る、通過する、入る、出る、至る、達する、着く、到着する、去る、離れる、出発する；

（2）歩く、走る、駆ける、這う、滑る、転がる、跳ねる、舞う、泳ぐ、飛ぶ、潜る、流れる、急ぐ。

（1）a 是融入了方向性的位移动词，（1）b 是融入了路径位置关系的位移动词，（2）是融入了方式的位移动词。本文将（1）类动词中除"行く、来る"之外的位移动词称之为"路径动词"，另将"行く、来る"两个动词称之为"指示动词"，将（2）类动词称之为"方式动词"。参照松本（1997）的分类，日语原文《挪威的森林》中使用的位移动词类型如下所示。

（3）指示动词：行く、来る

（4）a. 路径动词：

i. 方向性：降下する、向く、降りる(下りる)、上る、下る、

振り向く、折れる、のぼりつめる、落ちる、引き返す、向かう、やってくる、戻る、進む

ⅱ-1. 起点/终点：出る、入る、抜け出す、出入りする、離れる

ⅱ-2. 中间路径：わたる、抜ける、曲がる、横切る、越える、つたう、通り過ぎる、一周する、まわる、通る

b.［方式＋路径］动词：

歩き回る、吹き抜ける、吹きすぎる、滑り落ちる、よじのぼる、飛び去る、飛び回る

（5）方式动词：

歩く、飛ぶ、散歩する、走る、辿る、歩を運ぶ、転がる、往復する

小说中位移动词共出现以上47种。本文单独将"行く""来る"列为"指示动词"。将表达路径的动词按其形态区分为"路径动词"和"［方式＋路径］"动词。"路径动词"为单动词，而"［方式＋路径］"动词为复合动词。松本（1997：45）认为表达路径位置关系和方向性的复合动词后项动词为句法的主要成分（"主要部"），因此"［方式＋路径］"动词表方式的前项动词并不是句法核心，本文故将此类动词也置于和"路径动词"同一个类型中。单动词的"路径动词"中按照编码"路径"和"方向"又区分了两个下位类别，其中"路径"中又按照位移的"起点或终点"及位移所经过的中间地点区分了"起点/终点"和"中间路径"两个类别。最后一个类别为表方式的"方式动词"。

从以上47种位移动词的类型分布情况来看，可以说在实际语言使用中正如松本（1997）所指出的日语拥有大量的融入路径或方向性的位移动词，小说中使用了编入"上/下""前/后""左/右"等较为多样的方向性的位移动词。

日语路径动词发达，但表达路径的后置词较少，仅有表达起点、终点、方向的"から、より、に、まで、へ"等数种（参照松本1997：142）。日语

是具有格标记的语言。在表达位移事件的路径要素时，如前文松本（2021：18）所述，位移动词通常与上述后置词组配来编码起点、终点及方向。同时由于日语的典型模式是将路径要素融入动词来编码，因此路径成分作为位移动词的必有论元由宾格"を"标记构成了位移表达式的典型句法结构。

松本（1997：141）指出如下例所示，日语的路径动词在编码起点、终点、经过点的融入方式上存在差异。

（6）a. その町｛から/を｝｛去る/離れる/出発する｝。
　　　b. その町｛に/*を｝｛着く/到着する｝。
　　　c. その町を｛通る/過ぎる/抜ける/横切る｝。

表达起点类的路径动词在标记位移的起点时存在"から"格和"を"格的两种编码方式。以"を"格标记表明起点构成了"去る、離れる、出発する"的必有论元，起点要素融入了上述动词的语义中，因此松本称之为"完全融入型"。而以"から"格标记表明起点没有构成上述动词的必有论元，动词的语义没有融入起点要素，因此松本称之为"不完全融入型"。

与起点类路径动词相比，"着く、到着する"等表终点类的路径动词必须由"に"格来标记，终点要素的融入方式只有"不完全融入型"。而"通る、過ぎる、抜ける、横切る"等表达经过点的路径动词必须以"を"格标记经过点，因此其融入方式属于"完全融入型"。

由上述观点我们认为在考察日语位移事件构成要素的编码方式时，不仅要观察位移动词的语义融入类型，还要将标记路径要素的后置词，即格助词与位移动词的组配方式纳入考察范围，来更细致全面地分析日语路径要素的编码方式。

四、日语原文语料位移表达词汇化和分布特征

按照语篇是否较为连贯完整地表达位移动作，从日语原文《挪威的森

林》中手动选择了 99 个句子，其中共计使用了 150 个位移动词。150 个位移动词的类型和分布如下表 1 所示。

表 1　日语原文语料位移动词类型分布

位移动词类型	数量	比例（%）
指示动词	6	4
路径动词	91	60.7
方式动词	32	21.3
［方式＋路径］动词	21	14
合计	150	100

从表中分布比例我们可以看到路径动词的使用数量占比达 60.7%，充分体现了日语路径编入动词，多用路径动词的类型学特征。

以上 150 个位移动词按照其在句中是否实现了路径的完全融入，又进行了下位分类。完全融入型的句法特征是空间场所以"を"格标记，而不完全融入型通常以"に"格或"まで"格标记。根据 150 个动词编入路径的句法特征，其分布如下表 2 所示。

表 2　日语原文语料位移动词编入路径句法特征类型分布

位移动词类型	编入路径句法特征	数量	比例（%）
指示动词	N_{空间场所}＋を＋行く	3	2
	N_{空间场所}＋まで＋行く/来る	3	2
路径动词	N_{空间场所}＋を＋V_{路径}	69	46
	N_{空间场所}＋に＋V_{路径}	22	14.7
方式动词	N_{空间场所}＋を＋歩く	27	18
	N_{空间场所}＋に/まで＋V_{方式}	5	3.3
［方式＋路径］动词	N_{空间场所}＋を＋V_{方式＋路径}	18	12
	N_{空间场所}＋に＋V_{方式＋路径}	3	2
合计		150	100

从上表的分布特征可以看到指示动词的 6 例中有 3 例的空间场所以"を"格标记，可以说路径完全融入了动词语义中。如下例所示。

（7）「その林の中の道を行くとロータリーに出ますから。左から二本目の——いいですか、左から二本目の道を行って下さい。……」

句中指示动词"行く"的指示功能较为弱化，语义更接近为表沿着路径前行的路径动词"進む"。

91 个路径动词中有占比 75% 的 69 个动词以"を"格标记空间场所，实现了路径的完全融入。这反映了路径在日语位移表达中作为句法结构的必有论元，也构成了位移事件不可或缺的参与者。同时这也体现了日语话者将位移动作识解为位移主体与路径之间的互动行为，基于事件内部的视点体验性地来描述位置变化的动态过程。

这种认知位移事件的识解方式在方式动词的编入路径句法特征中体现得尤为突出。32 例方式动词中有达 27 例以"を"格标记空间场所，路径要素完全融入动词语义中。这 27 例中 23 例为表方式的默认值动词"歩く"。如下例所示。

（8）我々はひどくしんとした松林の中を歩いていた。……僕と直子はまるで探しものでもしているみたいに、地面を見ながらゆっくりとその松林の中の道を歩いた。

句子中表示位移最典型方式的"走"均伴随"を"格标记了位移的路径"松林中的路"。这一路径作为必有论元体现了日语话者将它识解为位移事件的参与者，反映了位移主体与空间场所融为一体的互动关系。

方式和路径同时融入动词语义的［方式＋路径］型复合动词也体现了这种识解方式，21 例中有 18 例句法结构上以"を"格标记空间场所，如下例所示。

（9）たいして強い風でもないのに、それは不思議なくらい鮮かな軌跡を残して僕の体のまわりを吹き抜けていった。

(9) 中"吹き"作为复合动词的前项，编码了风发生位移的方式。而"抜ける"作为复合动词的后项，编码了风发生位移的路径。"吹き抜ける"中后项动词"抜ける"作为句法核心，对位移的路径"僕の体のまわり"可以"を"格标记。因为如果删除方式"吹き"的话，"僕の体のまわりを抜けていった"可以成立，而删除"抜ける"的话，"僕の体のまわりを吹いていった"是无法成立的。

　　松本（2021：17）将日语编码位移的动词中由多种形式组合的谓语称为"复杂谓语"，包括"テ形复杂谓语"（"歩いてくる""入ってくる"等）和复合动词。松本认为日语中原则上一般是右侧为核心，复杂谓语最右边的动词论元反映在其整体的论元上。但是他也提及如"部屋を出ていった"中前项动词的论元成为复杂谓语整体的论元，因此他将前项动词称为"准核心"，认为在决定句子整体论元结构这点上和核心动词是共通的。本文中［方式+路径］动词整体的论元由后项路径动词决定，因此句法核心为最右边的路径动词。

　　下面将使用西班牙语对译语料来考察对译西语的词汇化模式，并对比分析日西语间位移事件编码方式的异同。

五、西班牙语对译语料位移表达词汇化和分布特征

（一）西班牙语对译语料动词整体情况

　　西班牙语对译语料选用的是 Lourdes Porta Fuentes 译《挪威的森林》（出版社 Tusquets Editores，2005 年出版）的纸质版。针对日语原文 99 个例句手动逐一找到西班牙语所对应的例句，观察与日语原文对应的西班牙语译文可以发现，西班牙语例句中使用的谓语动词个数明显减少。日语原文 99 个例句共计使用了 150 个表示位移的谓语动词，而西班牙语译文共计使用了 108 个表示位移的谓语动词，日语原文中的 42 个动词在西班牙语译文中没有译为谓语动词。

表 3 日语原文及西班牙语译文动词例数

是否与日语例句中谓语动词对应	类型	实际用例	数量
与日语谓语动词对应（谓语动词）	表示位移	atravesaba（穿过）、giró（转弯）、llegó（到达）、salí（离开）、caminaba（行走）、seguí（跟随）、andábamos（行走）、iban（去）	108
	不表示位移	tome（选取）、prosiguió（继续）、encontrará（看到、碰到）	3
不与日语谓语动词对应（非谓语动词）	原形动词（表位移）	pasear（散步）、andar（行走）、cruzar（穿过）、trepar（攀登）、torcer（转弯）、adentrarse（进入）	13
	副动词（表位移）	cayendo（掉落）、subiendo（登上）、cruzando（穿过）、atravesando（穿过）	8
	名词	la marcha（行走）、de perfil（侧脸）	2
	介词	en dirección al puerto（往港口方向）、por sus mejillas（顺着她的脸颊）、hasta lo alto de la torre del agua（直到水塔顶部）	3
不译			13
总计			150

西班牙语译文中没有译为谓语动词的例句除 13 例不译之外，多用原形动词和副动词，二者共为 21 例，全部表示位移。这两类属于西班牙语中动词的非人称形式，它们具有以下两个特点。

首先从句法结构上分析来看，通常意义上它们不能做完整的句子中的谓语。比如说原形动词，它兼有名词和动词的特性。作为名词的一面，它可以具有主语、宾语、表语、状语等功能；作为动词的一面，它可以在后面带宾语和状语。

（10）Empecé a **andar** a su lado en silencio.
　　　（我）开始 **行走** 在她旁边 沉默着

这里的 andar（行走）作为一个原形动词，是谓语动词 empecé（开始）的宾语，同时后面又带了地点状语。

副动词则兼有动词和副词的特征，作为副词，它用以修饰句中的主要动词，作用在于指明主要动词发生的方式、时间、条件等。作为动词，它可以在后面带宾语和状语。

（11）Las enfermeras seguían **recorriendo** el pasillo
　　　护士们　　　继续　　　　**走过**　　　走廊

这里的 recorriendo（走过）作为一个副动词，用来修饰谓语动词 seguían（继续），同时后面带了宾语。

其次从语义结构上分析来看，原形动词和副动词在句中仍然维持着动词本身的语义不变。它们保留了位移动词的语义，编码了路径要素或方式要素。

（12）(a) 彼女のアパートの近くにはきれいな用水が流れていて、時々我々はそのあたりを散歩した。
　　　(b) Cerca de su apartamento discurría un canal de riego
　　　　　靠近　　她的公寓　　　流过　一条灌溉用的水渠
　　　de aguas cristalinas por donde solíamos **pasear**.
　　　水很清澈的　　　　在那里　（我们）经常 **散步，闲逛**

（12a）的日语原文使用了"散歩した"这一方式动词，而（12b）西班牙语例句中在 solíamos 这一谓语动词之后，如双下划线所示的原形动词 pasear 编码了位移的方式。

（13）(a) 雑木林を抜けると白い石塀が見えた。
　　　(b) Tras **cruzar** el bosque, me topé con un muro de color blanco.
　　　　　在……之后 **穿过** 树林　　我遇上　一堵墙　　白色的

（13a）的日语原文使用了"抜ける"这一路径动词，而（13b）西班牙语例句中，在 tras 这一介词之后，如双下划线所示的原形动词 cruzar 编码了位移的路径。

（14）(a) 坂を上り、川を渡り、線路を越え、どこまでも歩きつづけた。
(b) Y seguimos deambulando por las calles de Tokio,
（我们）继续　漫步，闲逛　在东京的街道
subiendo cuestas, cruzando ríos, atravesando las vías del tren...
登上　　坡　　越过　河流　穿越　　　　铁路

（14a）的日语原文使用了"上り、渡り、越え"这一系列路径动词，而（14b）西班牙语例句中，使用了如双下划线所示的副动词 subiendo，cruzando，atravesando 同样编码了位移的路径。

Talmy 和松本提出的"动词框架语言"或"核心表示类型语言"所指的核心均是句法核心，即作为句子谓语成分的动词。从编码为句法核心位移动词整体数量来看，日语原文高于西班牙语译文（150∶108），这表明在描写同一位移事件时，与西班牙语相比，日语呈现出依赖动词程度较高的倾向性。日语为 SOV 语序，右侧为核心。可以说位移事件构成要素在日语中较多编码为动词，成为句法核心。

（二）西班牙语译文谓语位移动词类型及分布特征

下面将围绕日语动词在西班牙语译文中被译为谓语动词的 108 例来考察与日语原文的四种动词类型对应的西班牙语动词类型及分布特征。

表 4　日语原文及西班牙语译文语料位移动词类型分布

日语位移动词类型	对应西班牙语的动词类型	实际用例	数量
路径动词	路径动词	atravesaba（穿过）、cruzamos（穿过）、giró（转弯）、llegó（到达）、entramos（进入）、salimos（离开）	62
	方式动词	silbaba（呼啸）、trepé（攀爬）、sobrevoló（飞越）	3
	动词短语	dio una vuelta（转一圈）	1

续表

日语位移 动词类型	对应西班牙语 的动词类型	实际用例	数量
方式 动词	方式动词	volaban（飞）、paseamos（散步）、seguía（跟随）、caminaba（行走）、andábamos（行走）	18
	路径动词	se dirigían（向……移动）、cruzamos（穿过）、recorrimos（遍历，走遍）	4
	指示动词	íbamos（去）、iban（去）	2
指示 动词	指示动词	fue（去）	1
	方式动词	sigue（继续，沿着[走]）	1
[方式＋路径]动词	方式动词	revoloteaba（盘旋）、voló（飞）、soplaba（[风]吹、刮）、anduvieras（行走）	7
	路径动词	se encaramó（登高）、pasé（经过）、pasamos（经过）、pasaba（经过）	7
	指示动词	Iban（去）（两例相同）	2
合计			108

由上表可知，在西班牙语译文 108 个谓语动词中，有 73 个路径动词，占比达 67.6%，高于第 4 节所分析的日语路径动词在 150 个日语位移动词中的占比（60.7%）。方式动词 29 个占比 26.9%，与日语方式动词 21.3% 的占比大体相当。5 个指示动词占比 4.6%，和日语指示动词的占比 4% 极为接近。而西班牙语在形态上因不具备日语"[方式＋路径]动词"的表达式，在用例中译者多将其替换为单独的路径动词或方式动词，也使用像英语中方式动词后接介词以编码路径要素的表达形式。

从上述作为句法核心的位移动词在日语原文及其西班牙语译文对应分布情况可以看到，同属于"动词框架语言"的日语和西班牙语在编码位移事件构成要素的动词类型上较为一致，尤其方式动词和指示动词的占比都较为接近。而路径动词占比西班牙语略高于日语，体现出西班牙语在编码位移事件时，会更加关注路径要素，将路径要素编入动词的词汇化程度较高，其"动词框架语言"特征较为显著。

（1）路径动词特征分析

在西班牙语 108 个谓语动词中，同日语路径动词的位置对应的有 66 处，其中有 62 例同样译为路径动词，有 3 例转换为方式动词，1 例为动词短语。在路径动词上，西班牙语和日语运用的位移动词类型一致度较高（93.9%），体现了西班牙语和日语具有相同的类型学特征。

(15)(a) 直子は小さな丘のように盛りあがったところを上り、松林の外に出て、なだらかな坂を足速に下った。僕はその二、三步あとをついて歩いた。

(b)Naoko **subió** un ligero promontorio
　　直子　**登上**　　一处轻微的隆起
parecido a una colina pequeña, **salió** del pinar y **bajó**
　像一座小山　　　　　　　　**离开** 松林（走）下
la suave pendiente a paso ligero. Yo la seguía dos o tres pasos detrás
　缓坡　　　　用轻快的步伐 我 她 跟着　距离两三步

(15a) 日语原文中使用了"上り、出て、下った"等一系列路径动词，而（15b）西班牙语译文也同样使用了 subió（登上），salió（离开），bajó（下）等一系列路径动词。

(16)(a) 彼女は飯田橋で右に折れ、お堀ばたに出て、それから神保町の交差点を越えてお茶の水の坂を上り、そのまま本郷に抜けた。

(b)En Iidabashi **giró** hacia la derecha, **cruzó** el foso,
　在饭田桥　（她）**转弯**　向右　　　**穿过** 坑（御堀端）
atravesó el cruce de Jinbochō, **subió** la cuesta de Ochanomizu
　穿越　　神保町十字路口　　**登上**　　御茶水坡路
y **llegó** a Hongō.
　到达　本乡

（16a）日语原文中使用了"折れ、出て、越えて、上り、抜けた"等一系列路径动词，而（16b）西班牙语译文也同样使用了giró（转弯），cruzó（穿过），atravesó（穿越），subió（登上），llegó（到达）等一系列路径动词。

在日语66例路径动词中，仅有3例在西班牙语译文中被转换为方式动词。

（17）(a) 僕は屋上の隅にある鉄の梯子を上って給水塔の上に出た。
(b)**Trepé** por la escalera metálica hasta lo alto de la torre del agua.
　（我）攀爬　　顺着金属梯　　　直到水塔顶部

（17a）日语原文中"上って"为路径动词，但（17b）西班牙语译文将其转换为trepé（攀爬）这一方式动词，编码了方式要素，同时路径要素通过介词por（沿着）介引了位移的路径la escalera metálica（金属梯）。

（2）方式动词特征分析

在西班牙语108个谓语动词中，同日语方式动词对应的有24例，其中18例同样译为方式动词，有4例转换为路径动词，2例转换为指示动词。在方式动词上西班牙语和日语的位移动词类型一致度较高（75%）。

（18）(a) そして水門のたまりの上を何百匹という数の螢が飛んでいた。
(b)Sobre el estanque de la esclusa **volaban** cientos de luciérnagas.
　水塘上方　　　船闸的　　　飞　　几百只萤火虫

（18a）日语原文中"飛んでいた"为方式动词，而（18b）西班牙语译文也同样使用了volaban（飞）这一方式动词。

在日语24例方式动词中，有4例在西班牙语译文中被转换为路径动词。

（19）(a) 僕と直子はまるで探しものでもしているみたいに、地面を見ながらゆっくりとその松林の中の道を歩いた。

(b)Naoko y yo **cruzamos** el pinar despacio,
　　直子和我　　穿过　　松林　缓慢地

con la mirada fija ante nosotros, como quien busca algo.
目光集中在我们前面　　　　似乎在寻找什么

　　（19a）日语原文中"歩いた"为方式动词，但（19b）西班牙语译文将其转换为cruzamos（穿过）编码了路径要素而省略了"步行"的方式信息。
　　西班牙语译文中有两例将方式动词转换为了指示动词，并以后接副动词的方式补充编码了方式要素。

（20）(a) 僕と直子は四ツ谷駅で電車を降りて、線路わきの土手を
　　　　市ヶ谷の方に向けて歩いていた。

(b)Naoko y yo nos habíamos apeado en la estación de Yotsuya
　　直子和我　　下车　　　　　在四谷站

e **íbamos** andando por el malecón paralelo a la vía
　去　行走（表方式）沿着路基　平行于铁轨的

en dirección a Ichigaya.
向市谷方向

　　（20a）日语原文中"歩いていた"为方式动词，（20b）西班牙语译文中使用íbamos（去）这一指示动词，编入了位移的指示要素（ダイクシス），随后以副动词andando（行走）修饰动词，编码了方式要素，使其在语义上与原文保持一致。
　　（3）指示动词分析
　　在西班牙语108个谓语动词中，同日语指示动词对应的仅有2例，其中1例译为指示动词，另外1例转换为方式动词。

（21）(a) 彼女は僕の先に立ってすたすた廊下を歩き、階段を下り

て一階にある食堂まで行った。

(b)La mujer se levantó, echó a andar por el pasillo, bajó
女人（她）站起身　（动身）走　经过走廊　　下
la escalera y fue hasta el comedor de la planta baja.
楼梯　　　去　　到食堂　　　　地下的

（21a）日语原文中"行った"为指示动词，（21b）西班牙语译文中同样使用了 fue（去）这一指示动词。

（22）(a) その林の中の道を行くとロータリーに出ますから左から二本目の——いいですか、左から二本目の道を行って下さい。

(b)Si sigue por la arboleda encontrará una rotonda.
如果您沿着树林（走）将看到一个转盘式路口
Usted tome el segundo camino a la izquierda,
您　　选第二条路　　　　左侧的

（22a）日语原文中"行く"为指示动词，而（22b）西班牙语译文中使用了 sigue（沿着，继续［走］）这一方式动词。

（4）[方式+路径] 动词分析

在西班牙语 108 个谓语动词中，同日语 [方式+路径] 动词对应的有 16 例，其中 7 例译为路径动词，7 例译为方式动词，2 例译为指示动词。

由于西班牙语不具备日语"[方式+路径] 动词"的复合动词形态，在对译语料中有译为单一的路径动词或方式动词，也有使用像英语方式动词后接介词以编码路径要素的表达式。

（23）(a) 揃いのユニフォームを着た男の子の一群がバットを下げて車内をばたばたと走りまわっていた。

(b)Un grupo de estudiantes de uniforme y
　　一群穿着制服的学生
　　con bates de béisbol en la mano **corrían** de arriba abajo por el vagón.
　　手里拿着棒球拍　　　　　　　　跑　　上上下下　在车厢里

（23a）日语原文中"走りまわっていた"为［方式＋路径］动词，（23b）西班牙语译文中使用了 corrían（跑）这一方式动词，又在其后接了介词词组 de arriba abajo（上上下下）这一方式状语和 por el vagón（在车厢里）这一地点状语，凸显了位移的方式，但位移的路径没有编入动词。

（24）(a) それから時間をかけて<u>ボルトの頭によじのぼり</u>、そこにじっとうずくまった。螢はまるで息絶えてしまったみいに、そのままぴくりとも動かなかった。

(b) Después **se encaramó** muy despacio a la cabeza del perno
　　接下来　**爬高**　　　很缓慢地　　（到）螺栓顶部
　　y se acurrucó. Permaneció inmóvil, como si hubiese exhalado
　　蜷缩起来　　　保持静止　　　就像　　已经呼出了
　　el último suspiro.
　　最后一口气

（24a）日语原文中"（ボルトの頭に）よじのぼり"为［方式＋路径］动词，（24b）西班牙语译文中使用了 se encaramó（升高，登高）这一路径动词，只编码了路径要素，而日语中表示在向上位移过程中伴随的"攀じる"（攀爬）方式信息并没有编码，这一方式要素是由上下文语境推测而来。

基于以上四种类型的西班牙语对译谓语位移动词的分布情况，我们可以认为同属于"动词框架语言"的两种语言对比来看，西班牙语路径动词的使用比例略高。编码同一位移事件的构成要素时西班牙语更加关注路径要素所体现的位移主体的位置变化。

（三）西班牙语译文非谓语位移动词类型及分布特征

原形动词和副动词具有位移动词的语义，同样也编码了路径要素或方式要素。我们将围绕日语动词在西班牙语译文中被译为原形动词和副动词的21例，考察与日语原文动词类型对应的西班牙语动词类型及分布特征。

表5 西班牙语译文中原形动词和副动词的位移类型分布

日语位移动词类型	对应西班牙语的动词类型	实际用例	数量
路径动词	路径动词	subiendo（登上）、cruzando（穿过）、atravesando（穿过）、adentrarse（进入）、cruzar（穿过）、torcer（拐弯）、subir（登上）	11
	方式动词	trepar（攀爬）	1
方式动词	方式动词	andar（行走）、pasear（散步）	4
指示动词	路径动词	llegar（到达）	1
［方式＋路径］动词	方式动词	revolotear（盘旋、在空中飞舞）	1
	路径动词	atravesando（穿过）、cayendo（掉落）、recorriendo（遍历、走遍）	3
合计			21

在西班牙语译文21个原形动词和副动词中，有15个路径动词，占比达71.4%，这和译为作为句法核心的谓语位移动词的分布完全一致，并高于67.6%的占比，更加充分体现了西班牙语路径编入动词，多用路径动词的类型学特征。而方式动词6个占比28.6%。同日语路径动词对应的有12例，其中有11例译为路径动词，仅有1例转换为方式动词，位移动词类型一致率高达91.7%。同日语方式动词对应的有4例，全部译为方式动词。1例指示动词转换为路径动词。日语原文4例［方式＋路径］动词，3例转换为路径动词，1例为方式动词。以上对译情况显示日语原文和西班牙语译文之间在位移动词类型分布上较为一致，编码同一位移事件时西班牙语更加偏好使用路径动词。

（25）(a) バスはいくつも山を越えて北上し、これ以上はもう進めないというあたりまで行って、そこから市内に引き返していた。

(b)El autobús se dirigía hacia el norte **atravesando**
公共汽车　走向，驶向　向北方　**穿越，越过**
varias montañas y, al llegar a un punto donde no podía
几座山　　　　一到一个地方　　　　不能
avanzar más, daba media vuelta y regresaba a la ciudad.
前进　更多　　掉头　　　　　返回　　城市

（25a）日语原文中"越えて"为路径动词，（25b）西班牙语译文中使用了 atravesando（穿越）这一副动词（路径动词），修饰谓语动词 se dirigía（驶向），在语义上编码了路径要素。

（26）(a) そんな道を十分ばかり歩いてガソリン・スタンドの角を右に曲ると小さな商店街があり、まん中あたりに「小林書店」という看板が見えた。

(b)Tras **andar** unos diez minutos, giré en una gasolinera,
在……**之后** 行走大约十分钟　转弯　在一个加油站
encontré una pequeña calle comercial y, justo en el medio,
发现　　　一条小商业街　　　　　正好在中间
vi un letrero que decía LIBRERÍA KOBAYASHI.
看到一块招牌　　　　写着小林书店

（26a）日语原文中"歩いて"为方式动词，（26b）西班牙语译文中在介词 tras 后使用了 andar（行走）这一原形动词，在语义上编码了方式要素。

（27）(a) 僕とレイコさんは街灯に照らされた道をゆっくりと歩いて、テニス・コートとバスケットボール・コートのあるところまで来て、そこのベンチに腰を下ろした。

(b)Reiko y yo caminamos despacio por un sendero
　玲子和我　　行走　缓慢地 沿着一条小路
iluminado por la luz de las farolas hasta **llegar** al lugar
　　被路灯照亮的　　　　　　直到**到达**一个地方
donde estaban la pista de tenis y la cancha de baloncesto,
　　坐落着网球场和　　　　　　篮球场
y allí nos sentamos en un banco.
　那里我们坐下　　在一张长凳上

（27a）日语原文中"来て"为指示动词，（27b）西班牙语译文中在介词 hasta 后使用了 llegar（到达）这一原形动词，在语义上编码了路径要素。

六、结语

本文基于日语原文语料及其西班牙语对译语料逐一考察了日语和西班牙语位移表达的词汇化模式和分布特征。日语位移表达中较多使用路径动词，占比达 60.7%，体现了日语将路径编入动词，具有"动词框架语言"的类型学特征。而西班牙语对译语料作为句法核心的谓语动词中，路径动词占比达 67.6%，作为非谓语核心的路径动词占比高达 71.4%，充分体现了西班牙语路径编入动词，多用路径动词，属于典型的"动词框架语言"的类型学特征。西班牙语除不具有日语［方式＋路径］动词的形态手段以外，其他的方式动词和指示动词的类型和占比与日语都较为接近。另外在表示路径和方式要素时日语与西班牙语相比，较多依赖动词的词汇化手段。按照位移事件路径要素的突显程度及在语言编码中作为句法核心编入动词的典型程度，我们认为西班牙语将路径要素编入句法核心动词的程度较高，日语虽然与西班牙语同属于"动词框架语言"，但是其路径要素编入句法核心动词的程度略低于西班牙语。

ing" (为言而思)："主客对立"及"主客合一"
——说话者识解偏好的类型学特征及其对语言教学的启示*

池上嘉彦 著　万巨凤　姚艳玲译**

摘　要　一般认为，说话者能以多种不同的方式来识解同一种情境（situation），表达不同的语义。而面对同一种情境，某种语言的说话者偏爱这种识解方式，其他语言的说话者却可能倾向于另一种。本文试图从说话者识解偏好的立场（"主客对立"及"主客合一"）来探讨这一问题，认为"主客合一"型是日语说话者最喜欢的识解及编码方式，这区别于英语等西方语言说话者所偏爱的"主客对立"型。为此，笔者提议外语教学的重点，应由

---

* 题目中的"Thinking for speaking"（为说话而思想、为说话而思考，为言而思）是由Slobin（1996：76）提出的命题。它用语言学术语将经验诠释为一种人们为了交流而调动起来的专门的思考方式。这一概念对应认知语言学中表示认知过程的术语"识解"，即对生活经验的认知过程，并对其进行语言编码。

** 池上嘉彦，日本东京大学名誉教授（日本东京 113-8654）；万巨凤，日本东北大学国际文化研究科语言科学研究专业博士生（日本宫城 980-8577）；姚艳玲，大连外国语大学日本语学院教授（辽宁大连 116044）。

注重让学生熟记语法规则，转而引导他们去经历和体会目标语言说话者在识解及编码某种情境时的认知立场。

关键词 识解；自我中心式；主客对立／主客合一；零编码；同源性

引言

语言的说话者，不单是一个机械的发话者，更重要的，他将说话时的情境编码为与说话目的最相关的语言，赋予其意义。认知语言学高度重视说话者这一角色的主动性，"识解"即适用于这一过程。换句话说，说话者不单是狭义上的"说话主体"（也即，一个只遵照语法生成句子并将其讲出来的人），更是"认知主体"，会对说话情境进行识解与编码：[a]选择情境中哪些部分值得编码，哪些部分不值得编码；[b]选择一个合适的视角；[c]找到语法及词汇上最契合该情境下认知意象（cognitive images）的"象征性（symbolic）"（也即，有意义的）形式。

一、识解过程的普遍性及相对性

一般认为，识解具有普遍性及相对性。一方面，说话者有能力采取多种方式识解一种情境。比如，同一种情境，能用主动语态，又能用被动语态；能用及物动词，又能用不及物动词。这体现了其普遍性。另一方面，同一种情境，某种语言的说话者偏爱这种识解方式，其他语言的说话者却可能倾向于另一种。比如：同样表达"有两扇窗户的房间"，英语说话者一般会说"这个房间有两扇窗户（The room has two windows）"，而日语说话者可能会说成"在这个房间里有两扇窗户（Kono heya ni wa hutatu no mado ga aru）"，或者考虑到数量词的游离，更地道地表述为"Kono heya ni wa mado ga hutatu aru"，这体现了人们常说的"HAVE-language"及"BE-language"的差异。当提到某人在战争中失去了生命，英语可表述为"他被战争夺取了生命（He was killed in the war）"，而讲日语的人会说，"他死于战争（Kare wa sensoo de sinda）"，这是"及物被动式"与"不及物"的不同，前者暗含了某个施动者的存在，而后者则未说明这一点。再如，当说话者表达"热得人倦怠"之义，讲英语的人说"高温使我倦怠"，而讲日语的人则说成"热得（身体）倦怠"。这些例子（引自 Chamberlain 1891）体现了对"使动"及"非使动"（或"自发"）的不同识解。①

二、认知语言学中的"主观性识解"与"客观性识解"

本文主要关注识解过程的相对性，也即说话者的两种对立立场——"主观识解"与"客观识解"。下面为兰盖克（1990）对这两种立场的说明。②

（1）Vanessa is sitting across the table from me.
    瓦内萨与我在桌子两边相对而坐。
（2）Vanessa is sitting across the table.
    瓦内萨坐在桌子对面。

例（1）会出现在，比如，当在谈论着一张说话者和瓦内萨在桌子两边相对而坐的照片时。作为认知主体的说话者，是与她的认知客体（比如：照片）相分离的，在此，主体与客体完全对立，我们称之"主客对立"，是"客观识解"。而例（2）会出现在，当说话者发现瓦内萨坐在桌子对面时，说话者，作为一个认知主体，与她所见或所认知客体相融于同一场景中，而非相互对立，这是"主观识解"。

在例（1）中，说话者不仅看见了自身，也看见了瓦内萨（因为她们都在照片里），因此，说话者在话语中把瓦内萨和自己都编码了。而例（2），说话者看到了瓦内萨坐在桌旁，而非她自己（她正处于观测的有利位置），因此她未被编码。

---

① Chamberlain（1891）指出日语中性名词很难与及物动词搭配使用，并把它视为日语的"negative quality"（负面特性）。详见 Basil H. Chamberlain, *Things Japanese, 2nd ed*. London: Kegan Paul, Trench, Trübner, 1891, p. 246。
② Ronald W. Langacker, "Subjectification," *Cognitive Linguistics*, 1990(1): 5-38.

三、重新定义为"主客合一"与"主客对立"

(一)"主客合一"与"主客对立"

如果将"主观性识解"与"客观性识解"重新定义为亚洲传统哲学中常见的概念"主客合一"与"主客对立",将更容易区分这两种识解方式。同时,又可以避免使用"主观性(subjective)"这个带有很大模糊性的术语。以下是对"主观性识解"与"客观性识解"定义的修订版:

(3) a. 主观性识解:说话者处于她所要识解的情境中,该情境对于她是可感知的。尽管没有当真置身于这一情境中,她却可以通过心理移动置身于情境内部,感知它并对它进行识解。识解情境的说话者,已融入到该情境中,她站在"主客合一"的立场。

b. 客观性识解:说话者处于她所要识解的情境之外,该情境对于她是可感知的。尽管实际身处这一情境中,她却可以通过心理移动置身于情境之外,将其分身留在其中。换言之,说话者经历了"自我分裂(self-split)"的过程,她在跳出该情境的同时,又将分身留在其中。识解情境的说话者,与她要识解的情境处于一种相分离的状态,她的立场是"主客对立"。

不同语言的说话者,对主客观识解方式的偏好也可能不同。对于日语说话者,主观性识解与编码,显然是他们"喜好的表达方式"(fashions of speaking, Whorf 1956,参照池上 2008)。[①] 而英语说话者(西方语言的说话者),则倾向于"客观性识解"。

---

① 参见 Whorf(1956:158):它们("fashions of speaking",即喜好的表达方式、交谈方式)不大取决于语法内部的任一系统(如时态、名词等),而更多的是依靠分析和记述经验的手段,这些手段已经在语言中定型,并已打破典型的语法分类,它们可能涵盖词汇学、形态学、句法等多种手段,形成一个全面整合的、相互协调的统一结构。详见 Benjamin L. Whorf, "The Relation of Habitual Thought and Behavior to Language," John B. Carroll (ed.), *Language, thought and reality: Selected Writings of Benjamin Lee Whorf*, Cambridge, MA: MIT Press, 1956[1939], pp. 134-159; Yoshihiko Ikegami, "Subjective Construal as a 'fashion of speaking' in Japanese," María de los Ángeles Gómes González, J. Lachlan Mackenzie & Elsa M. González Álvarez(eds.), *Current Trends in Contrastive Linguistics: Functional and Contrastive Perspective*, Amsterdam: John Benjamins, 2008, pp. 227-250。

(二) 对说话者的零编码与显式编码

在主观性识解中，说话者通过自我投射（self-projection）置身于所要识解的情境中，她能看到周围的情境，但看不到她自己，因为她正处于观测的有利位置（坐标的原点）。她不在自身观察范围内，因而未被明确地（即在语言学上）编码（池上 2007）。[①] 在客观性识解中，相较而言，说话者通过自我分裂（self-split）置身于所要识解的情境之外，她看到自己的分身仍留存于情境之中，因而她将自身（即在语言学上）予以编码。下面将介绍，面对同一种情境，英语和德语说话者是如何更偏爱客观性识解，而日语说话者又是如何倾向于主观性识解的。

(4)｛迷路时问路的场景｝

  a. 英语表达：Where am I?（我在哪儿？）

  b. 日语表达：Koko wa doko desuka?（这是哪儿？）

日语说话者识解一种情境，仿佛她自身已融入其中（她的立场是"主客合一"），而英语说话者在内心经历了一次自我分裂（self-split）的过程，她自行跳到情境之外，从外部观察着该情境（她的立场是"主客对立"）。她从外部去感知那个仍然留存在情境之中的分身，故而她将自己编码为"我（I）"，来看下图 1：

下面例（5）也是如此：

(5)｛说话者正通过手机向某人报告她所在的房间里空无一人｝

  a. 德语：Es ist niemand da ausser mir.（Nobody is here except me.）
  这里除了我没有其他人。

  b. 日语：(Koko ni wa) dare mo imasen.（Nobody is (here).）
  （这里）没有人。

日语说话者环顾四周却没有察觉和认知到自己（此时正位于有利的观察点），因此对自己不予编码。相较之下，德语说话者选择跳出情境，从外部

[①] Yoshihiko Ikegami, "Subjectivity, ego-orientation and subject-object merger: A cognitive account of the zero-encoding of the grammatical subject in Japanese," *Japanese Linguistics: European Chapter*, Tokyo: Kurosio Publishers, 2007: 19-25.

自我的分身（作为被谈论的客体）留存在环境中，并被脱身而出的自我所观察

自我（作为说话的主体）从环境中抽身出来

英语：
Where am I?
我在哪儿？
（主客对立）

自我（作为说话主体）融入环境中

日语：
Koko wa dokodesuka?
What place is this?
这是哪儿？
（主客合一）

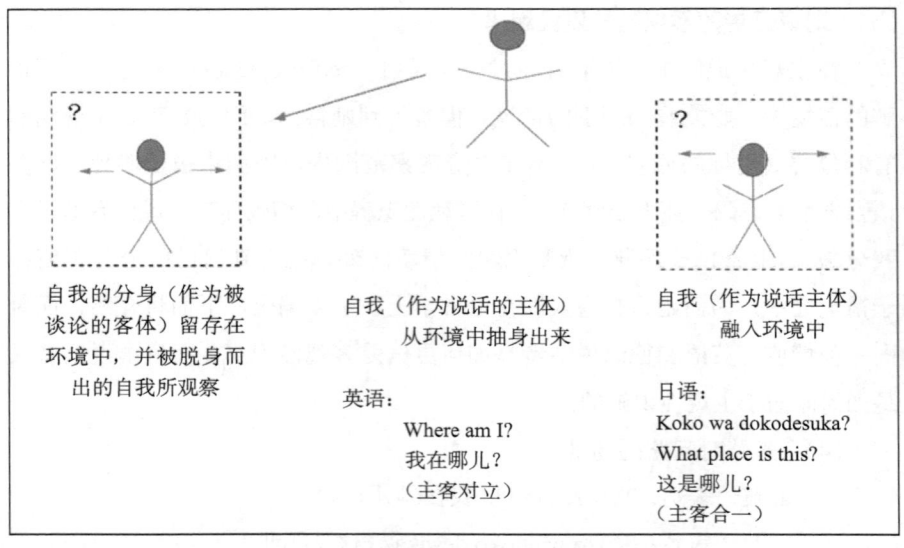

图 1　对说话者的零编码与显式编码

加以观察。她进而认知到自己已融入情境之中的分身并适当地将其编码。

（6）{走到外面，看到月光皎洁}

　　　英语：Going out, I saw the moon shining.
　　　　　　走到外面，我看见月光皎洁。
　　　日语：Soto e deruto, tuki ga kagayaite ita.
　　　　　　到外面时，月光皎洁。

选择主观性识解（"主客合一"型）的结果，一方面会产生上原（Uehara 1998）所指出的"感知者较少、无感知者（perceiver-less）"型句子，如英语中"我看见那儿站着一个身材魁梧的女人"，日语则表述为"有一个胖乎乎的女人 (Hutotta obasan ga ita no)"。[①] 此外，还会产生"垂悬分词识解"（译者注：dangling participial construction，也叫无依着分词、不连结分词，即分词短语本身不带自己的主语，又不以句子主语作逻辑主语）现象，而这种表述在传统语法中被认为是语法错误。对此，早濑（Hayase 2009）援引英国

---

① Satoru Uehara, "Pronoun drop and perspective in Japanese," *Japanese/Korean Linguistics*, 1998(7): 26-43.

国家语料库中的例句"接近黑尔戈兰岛,天气明显变得不适(Approaching Helgoland the weather was obviously unsuitable...)"以及"离开草原,土地变得更贫瘠,有悬崖、岩石……(Leaving the grassland behind, the terrain became more barren with cliffs and rocks...)"说明了"垂悬分词识解"完全没问题。[①] 事实上,英语说话者也可以很自然地去主观性识解,尽管这并非他们典型的识解立场。

四、翻译中的问题

翻译中,因作者和译者识解立场的不同,常会发生许多有趣的案例。以下是《雪国》(诺贝尔文学奖获得者川端康成的作品)首句被译成西方语言的四种版本。

(7)[0](小说原文)「国境の長いトンネルを抜けると雪国であった」。
(川端康成《雪国》)

[1] The train came out of the long tunnel into the snow country.(E. Seiden-sticker 译, 1957)
火车驶出长长的隧道,进入了雪国。

[2] Als der Zug aus dem langen Grenztunnel herauskroch, lag das Schnee-land vor ihm weit ausgebreitet.('As the train crawled out of the long boundary-tunnel, there lay before it the snow country wide extended')(O. Benl 译, 1968)
当火车从长长的边界隧道爬出来时,雪国便在前方延伸开来。

[3] Jenseits des langen Tunnels erschien das Schneeland.('Beyond the long tunnel emerged the snow country')(T. Cheung 译, 2004)
在长长的隧道之外,雪国出现了。

[①] 早瀬尚子:《懸垂分詞構文を動機づける「内」の視点》,坪内篤朗・早瀬尚子・和田尚明編:《内と外の言語学》,開拓社,2009,第63—97页。

[4] Un long tunnel entre les deux régions et voici qu'on était dans le pays de neige. ('A long tunnel between the two regions and then one was in the snow country') (B. Fujimori 译, 1960)

两个地区之间有一条长长的隧道，之后你便来到了雪国。

原文描述的是这样一种情境：小说的主人公所搭乘的火车在前行，它穿过位于县界的长长隧道，驶达一片积雪覆盖的土地。

为什么译文［1］和［2］对火车编码，而［3］和［4］却不予编码呢？（日语原文中并未提及火车）［3］和［4］的译者及小说作者描述的场景是：主人公坐在火车上，看着窗外接连飞驰而过的场景，却看不到他自己和火车。这是主观性识解。而前两种译文的译者将自身放置在火车外的一个点上，这是客观识解。

听说汉语中竟有十几种翻译版本，其中，有主观识解，也有客观识解。据了解，作为小说开头，在汉语中，客观识解会比主观识解更自然。韩语说话者也有类似的反馈。然而，韩语对主观识解的容忍度更高些。实际上，韩语早期译本中也并未出现火车。泰语版中提到了火车，然而，泰语是从英语译过去的，而非日语。[①]

巧合的是，作者川端康成本人，很清楚我们在此讨论的这两种识解立场。他在一篇题为"新进作家的趋势解读（「新進作家の新傾向解説」）"（1924年）文章中有如下论述：

只有三种方式观察这朵百合，且当一个人被这朵百合吸引时，只有三种感觉：我是在百合花之中吗？是百合花在我之中吗？或者我们是彼此孤立的存在吗？这些问题涉及到知觉和意识上的一些哲学理论，在此我暂且不作详细论述。然而，我想从文学表现的角度来思索这些问题，

---

① 下面是引自中文、韩文及泰文版的例证：
[5] 穿出长长的国境隧道就是雪国了。（待桁、1981 Shanghai）
[6] 穿過縣界漫長的隧道就是雪鄉。（蕭羽文、1988 Taipei）
[7] 도의경계에걸친기다란터널을빠져나오자 눈마을이었다 .（金宇烈　1968）
[8] รถไฟวิ่งลอดออกมาจากอุโมงค์ ซึ่งมีระยะทางยาวมุ่งหน้าสู่เมืองหิมะ(Wattana Oattanapong 2002)。

在某种程度上简化它们。如果我将自己和百合花描述为彼此孤立的存在，就会采用自然主义的写作风格，也即传统的客观主义的原则。可以说，那是影响了今天每一种文学表达的原则。然而，主体的表达欲望却不满足于此。百合花中有我，我中有百合花。在根本上，这两个句子是模糊的，这正是新主观（感觉）主义所力图表现的。这种方法最突出的例子是德国表现主义。[1]

川端先生讨论了一种选择：是"我在百合花之中"（或者说"百合花在我之中"），抑或我与百合花是彼此独立的存在？他选择的无疑是前一种立场（这与"主客合一"如出一辙）。

五、在解码过程中的主观性识解与客观性识解

"主观性识解"与"客观性识解"这两个术语，最初应用于说话者的编码过程，然而，它们也同样适用于解码过程，这就必然也关系到听者及读者。

在编码过程中，主观性指向的说话者在内心将自己移动到她要进行编码的情境中并对其进行识解，仿佛自身直接融入其中。在解码过程中，主观性指向的说话者在内心将自己移位到文本所描述的情境中，把自己看作是和文章的作者或故事的主人公在一起，去进行识解，仿佛她直接参与其中，或者去推定作者或主人公如何去识解。而客观指向的说话者，相较而言，则倾向于以局外人的立场观察文本中所描述的内容，将自己与文本保有一定距离。为此，面对同样的文本，我们可能有不同的读者反馈。

下边是对松尾芭蕉经典俳句（日本最受欢迎的俳句之一）的四种英译版翻译，引自佐藤。[2]

---

[1] Yoshihiko Ikegami, "Subjective Construal as a 'fashion of speaking' in Japanese," María de los Ángeles Gómes González, J. Lachlan Mackenzie & Elsa M. González Álvarez(eds.), *Current trends in contrastive linguistics: Functional and contrastive perspective*, Amsterdam: John Benjamins, 2008, p. 239.

[2] Hiroaki Sato, *One hundred frogs: From renga to haiku to English*, Boston: Weatherill, 1983.

（8）［0］（日语原文）「古池や蛙飛びこむ水の音」（芭蕉）.

［1］The quiet pond

A frog leaps in

The sound of the water.（E. Seidensticker 译）

寂静的池塘，青蛙跃入，水声响。

［2］The ancient pond

A frog leaps in

The sound of the water.（D. Keene 译）

古池塘，青蛙跃入，水声响。

［3］Into the calm old lake

A frog with flying leap goes plop!

The peaceful hush to break.（W. J. Porter 译）

本是寂静古湖，青蛙扑通而入，沉寂由此被打破。

［4］A lonely pond in age-old stillness sleeps...

Apart, unstirred by sound or motion... till

Suddenly into it a lithe frog leaps.（C. H. Page 译）

一个古老沉寂的池塘……未被声音或动作惊扰（搅动）……直至一只轻盈的青蛙一跃而入。

［1］［2］，是由两位从事日语研究的知名美国学者翻译的，它们与字面意思接近。而［3］［4］却加译了许多内容。当美国学生面对译文［1］［2］时，据说他们通常的反应是"那又怎么样？（So what？）"和"这讲的是什么？（What of it?）"，而日本学生，定会认为译文［3］只是一种意译，译文［4］又过度注重文采。

作为一种文学体裁，俳句的赏析需要读者的主动参与（"读者的责任"将在第七部分讨论），当在阅读俳句（8）［0］时（主观性识解暗示了作者的隐形存在），日本读者会通过心理移动置身于该场景，并追问道："这是作者创作时的场景，我有和原作作者一样感动吗？我们是以同样的方式感动吗？如果答案是肯定的，那么说明我与大师产生了共鸣，在共享他生命中一个伟大的时刻"等等。

通过内心操作，比如自我投射（self-projection）及移情（empathy），日语说话者显然倾向于主观识解（"主客合一"），这点体现在编码及解码两方面。当问及学校里 10—15 岁的孩子"读《雪国》首句的时候，你设想自己在哪儿？"，得到的回答多是"正坐在火车上，看着窗外"。甚至有孩子补充道，"坐在火车的左边（右边），靠窗"（守屋三千代，私下交流）。

六、语言学编码与绘画编码的同源性（homology）

直到 18 世纪透视法的引进，透视画法才正式在日本绘画中得以运用。同样大小的物体，不考虑其距画家的远近，都被画成同样大，而你可以从穿插其中的云雾状图案间接了解它们与画家的距离。这说明画家创作时在不停地变换位置，并始终位于绘画对象的附近（即融于同一场景中，参见图 2）。①

图 2　洛中洛外图

这一画法与日语说话者总用非过去时谈论过去的道理类似。他们通过心理移动置身于过去，谈论过去的事情，仿佛身临其境。以下引自一段日语文章的英文版译文，括号中英语单词的时态与日语原文保持一致，其中，双下划线表示过去时，单下划线为现在时。②

---

① 图 2 洛中洛外图（一对展现京都城内外的折叠屏风），藏于日本米泽市上杉博物馆。图中远处祇园祭彩车以及建筑物的房顶与近处的大小相当。右图展示的（上杉博物馆已授权刊载），是第三面和第二面的左半部分（译者注：从右往左数），即描绘京都东部风貌的右屏风。

② Yoshihiko Ikegami, "Transitivity and tense variation in narrative text," Werner Bahner, Joachim Schildt & Dieter Viehweger (eds.), *Proceedings of the 14th International Congress of Linguistics*, Berlin: Akademie-Verlag, 1991(3): pp.2136-2139.

就这样，蚱蜢成了（became）蚁巢的客人。那一年冬天，对于蚂蚁来说也是（was）开心的一年。仿佛装了（had been installed）台自动点唱机。一有需求，蚱蜢便有求必应，为蚂蚁演奏（plays）小提琴。

蚱蜢，作为一个艺术家，灵感有如泉涌（has），源源不断。在看过蚂蚁的储藏室后，他发现（found）蚁穴深处储藏许久的食物已经（had yeasted）发酵成了酒精。于是他向蚂蚁提议（says）："就那么放着太可惜了，何不拿来品尝一下呢？"

而蚂蚁呢，起初犹豫不决，继而喜出望外，享受（appreciate）起烈酒的美味来。有了好歌（have）和美酒，大家伙也不由跳起舞来（comes）。这可比努力干活儿快乐多了。（就这样）经过这一冬眠期，蚂蚁家族的精神传统彻底瓦解（crumbled）了。

可见，在空间及时间的维度，日语说话者很容易设身处地，内心跨越将他们和认知对象分隔开的时空藩篱，达到"主客合一"的状态。这是同源性（homology）的完美案例。[1]

在语言与绘画编码中体现出来的这种同源性现象，证实了"主客合一"的识解立场在日本的文化传统中由来已久。

七、对外语教学的启示

前面的论述启示我们，在教授一种语言形式、一个词汇或语法单位的用法时，重点应该从列举对应的情境特征，转向解释说话者运用该语言形式时所经历的认知过程。这与认知语言学的观点是一致的，即将焦点放在说话者

---

[1] Homology（同源性、相同性）是发生在至少两对术语间的一种等价关系。相关术语可为同一等级，也可从属于不同等级。在 A 领域，术语 a 与 b 的相关性，正如 B 领域中术语 c 与 d 的相关性。A 与 B 可能在语义上属于不同的层级（非必须要素），这种相同性关系可以呈现为 a : b :: c : d。（请参照池上嘉彦：《人文学研究における作业仮说としての〈相同性〉》,《英文学研究》2009 年第 2 号，第 93—107 页。）

识解一种情境并将其付诸言语形式时所经历的"主观性"活动，而非对各种语言形式所使用的情境"客观"分类。①

比如，设想如何向日语学习者解释日语句末表达『のだ』（-noda）。在例句"Ame ga hutta-noda (Rain fell-noda)"中，说话者发现了地面变湿的状况，此时『のだ』的语义学效果，与英语中的"it is that..."结构类似。在"It is not that I love Caesar less but that I love Rome more（我爱凯撒，但我更爱罗马）"这个例句中，句首"it"指代说话者（即布鲁图斯）刺杀凯撒的行为，that 从句指明了该凶残行为的动机。众所周知，英语与日语说话者，在各自表达方式的使用频率上存在着明显的差异。日语说话者经常使用 -noda 句，即 -noda 为他们"喜好的表达方式"。在教科书中，noda 及其礼貌变体 nodesu 的语义规则常被描述如下：

（9）a. SETSUMEI（说明，解释）：

独白体：[注意到地面湿了] Ame ga hutta-noda.（原来是）下雨了。

对话体：[为迟到找一个借口] Densya ga okureta-nodesu. 电车晚点了。

b. TSUYOI DANTEI（强烈的断定）：

独白体：[鼓励自己] Ore wa tuyoi-noda! 我强大得很！

对话体：[面对一个被打败的对手] Ore wa tuyoi-noda-zo! 现在你知道我有多厉害了吧！

c. MEIREI（命令）：

独白体/对话体：[告诉自己、某人应该供认，坦白] Sassato hakuzyoosuru-noda! 快点儿供认！

d. KAISOU/KANTAN（回忆/感叹）：

独白体：Onna wa uttaeru yoo ni watasi o mitumeru-nodat-ta. 她看着我，好像在诉说着什么。

以上对 -noda 的语义描述过于模糊，无法帮助日语学习者有效地应用到

---

① 池上嘉彦・守屋三千代：《自然な日本語を教えるために－認知言語学をふまえて－》，ひつじ書房，2009 年。

实际的编码与解码中。

而当我们将注意力转向日语说话者，转向他们在选择使用 -noda 时所经历的认知过程，会有哪些发现呢？首先，日语说话者会一致认为 -noda 的典型（prototypical）语义是（a）SETSUMEI（说明）。拿"Ame ga hutta-noda（［原来是］下雨了）"为例，他们所经历的认知过程可以描述如下：

（i）说话者注意到地面湿了，这对于说话者来说，是意想不到的或"惊讶的（mirative，语言类型学术语）"状况。

（ii）说话者想知道地面变湿的原因。

（iii）说话者假定路面变湿了是因为下过雨。

（iv）说话者得出下过雨的结论。

不难发现，上面描述的认知过程与皮尔士所描述的"溯因推理"的概念不谋而合。"当我们发现一些不同寻常的情况，如果可以通过某种符合一般规则的假设来解释，便采纳这种假设。"（皮尔士：1931-58）[①] 皮尔士的经典事例源于他在土耳其的一次经历：

在我去拜访一户人家的路上，看见一个男人骑在马上，4个车夫为他撑着遮阳蓬｛不同寻常的情况｝……一般只有省长才有如此排场｛常规｝，我推断骑马的男人就是省长｛结论｝。

对学生们来说，提供一种关于说话者认知过程的解释，要比单纯地提供"说明、强烈地断定、命令"等语义学的说明显然更有帮助。这种解释，向学生们揭示了说话者在打算使用 -noda 进行言语表达时是如何识解情境的，以及那是一种怎样的情境，进而告知学生说话者是如何在内心把这些用法和典型用法关联起来的，以此解释它们。对于（9a）这种典型用法，说话者所运用的一般法则未必绝对可靠。但在某些情况，尤其在会话情境中，说话者想要更讲究修辞，她可能会假定自己所运用的一般法则是绝对正确的，从而

[①] Charles S. Peirce, *Collected Papers*, Cambridge, MA: Harvard University Press, 1931-1958, pp. 2, 624.

将结论强加于对方。这种语义效果就是"强烈断定"。强烈断定，进一步升级，就发展为"命令"的语义。

同样的教学法立场在看待日语中"频繁地省略语法主语"时依然有效，事实上，并非日语说话者可以"随意"省略主语。如果只是告诉日语学习者"只要对话双方能够无障碍地还原主语，说话者就会省略主语"并不会对他们的学习产生多大帮助。要解决这个由来已久的问题，首先说话者要意识到问题不在于对主语的省略，而在于对说话者的省略。当说话者在识解一个情境、进行语言编码时，她通常处于有利位置，即识解活动的主体，而非客体，所以自然不将自己识解进去，不以语言形式呈现出来。想一想人类的选择活动。一个人可以看到并环顾她的四周，但在没有镜子等外物辅助的前提下，永远看不到完整的自己。同理，我们认为在自然会话中说话者不被编码是很自然的，比如在说话者谈论自身所知所感的独白（说话者并没有打算交流，因而不会预设任何对话者）中。这与日记类似。在日记中，日本作家会对略去自我编码毫无顾虑，甚至作家屡次提及自己反被视为想要过分引人注目的表现。英语作家也可以略去自我指代，但他们对第一人称代词的使用却没什么顾虑，这点可以通过大量英语日记语料得以验证。这不仅出自英语语法本身的限制，更源于我们在此讨论的这一点，即英语说话者偏爱"主客对立"型识解方式。

在典型独白中，说话者不将自身进行语言编码（或者称作零编码）有了正当的理由。而说话者认为最有必要提及自己的情形是，她想将自己与他人区别开来。例如：是我而不是别人。此时，日语说话者也会将自己明确编码。除此之外，他们享受着零编码的状态。

然而，在对话中，尤其是正式场合，情境千变万化。为了交流顺畅，说话者觉得有必要明确每种情况下谈话所涉及的对象。于是，将说话者与听者相互区别，或者将谈话的一方区别于其他人就显得尤其必要。一些特殊的（言语）行为，在可以明确区分谈话双方时，容忍度就很高，比如"hope to see you again（再见）"就是一个对说话者零编码的例子，同样，在"Thank you（谢谢）"中，零编码已经固定。这些情形常被解释为谈话双方正共享着同一个语境，我们也可以认为此时英语说话者也已沉迷于日语说话者所惯用的那种表达方式之中。在这些情况下，被替代的单词是唯一可恢复的，即"省略"现象。在祈使句中对第二人称的零编码即属于这种情况，其在英语中已成为固定表达。而观察同语系的德语，情形却大不一样，Ich danke Ihnen（我谢谢你），比 I thank you（英语中加了主语"I"反倒不自然）要常用得多，祈使句 Sprechen Sie lauter（你大点儿声）中第二人称 Sie（你）经常被使用，而英语只是表达为 Speak louder（大点儿声讲），并未出现第二人称的"you（你）"。

  在日语中，对听者的零编码十分常见（不限于祈使句）。像 Sore mita? (lit. 'Saw it?' 看那个了吗？) 及 Doo omou? (lit. 'How think?' 怎么看？)。毋庸置疑，使用非正式表达方式的部分原因是这些语境下存在听者，但还涉及到更重要的一点——"移情（empathy）"。前面已经提到，日语说话者认为自身是认知的主体，而非被认知的客体，因而，在谈话中，他们更倾向于对自身不予编码。他们自然地推断听者在感受与行为上与他们一致，认为他们在语言学上不对自身明确编码的习惯，也会影响并涵盖听者。

  那么，这样一种以自我为中心的立场，是否会导致会话交流出现混乱呢？事实上，作为说话者以自我为中心立场的补充，还有一点确保谈话顺畅的因素，那就是"听者的责任"，以下为 Hinds 对"听者/作者的责任（listener/writer responsibility）"的阐释：

> 我建议，在类型学上，将说话者和/或作者的责任，与听者和/或读者的责任加以区分。在一些语言中，比如英语，保证交流有效的第一负责人是说话者，而在一些语言中（如：日语），则在于听者。在英语说话者看来，作者或说话者对于做出清晰而有条理的陈述负有责任。一旦出现交流不畅，那是因为说话者或作者没有讲明白，并非听者或读者没有付出足够努力去理解。而在日本，也许还有韩国，以及古代中国，人们看待交流过程的方式是不同的。在日本，领悟说话者或作者说话意

图的责任在于听者（或读者）。①

而且，日语中"听者的责任"的立场可通过听者频繁点头（aizuchi）体现出来（LoCastro 1987）。②

最后，如果语言的发展是先有语音，而后有使用这些语音作为交流方式的意识，那么，在人类语言的进化过程中，独白的产生要先于对话交际。据此，发展处于相对初级阶段的语言将呈现出更具主观性与更以自我为中心指向的特征（即只为说话者的说话目的服务）。随着语言的发展，并确立了其作为真正交流方式的地位后，必然要经历一系列变化，以适应新的需求。它们需要抛弃主观性、以自我为中心的性格，发展成主体间性（译者注：intersubjectively，德国哲学家胡塞尔提出的概念，旨在强调主体之间的交往和对话以消除隔阂）。最终目标，便是日益惯例化、能被客观地定义。因而，语言会逐渐偏离从前显著的以自我为中心指向的特征。

总之，日语说话者"喜好的表达方式"——"主客合一"型识解方式，或许是人类语言变革史上早期发展阶段的一个残留形态。换句话说，与英语比较，日语是一种发展相对滞后的交流方式。这或许与岛国相对隔绝的地理环境有关（然而，同样的地理条件也适用于英语，结果却大不一样）。这将作为今后继续探讨的一个课题。

---

① John Hinds, "Reader versus writer responsibility," U. Connor & R. B. Kaplan, (eds.), *Writing across Languages: Analysis of L2 Texts*, Reading, MA: Addison-Wesley, 1987, 143.
② Aizuchi V. LoCastro, "A Japanese Conversational Routine," L. E. Smith (ed.), *Discourse across Culture*, New York: Prentice-Hall, 1987.

书评 濱田英人著『認知と言語：日本語の世界と英語の世界』開拓社、2016 年

秦 上　胡小春[*]

引言

　　认知语言学诞生于 20 世纪 70 年代，自 1989 年首届国际认知语言学大会召开及《认知语言学》创刊以来，该学科逐渐受到了海内外学者的广泛关注，我国的认知语言学研究体系也在逐渐走向完善。《认知与语言：日语世界和英语世界》（2016）在对比研究的基础上，对一些基本的、重要的认知语言学理论进行了较为详细的阐述。并且，该书作为一项应用研究，在研究角度、研究方法等方面都能给中国学界以较多启发。

　　《认知与语言：日语世界和英语世界》，由日本语言学者滨田英人（Hamada hideto）所著。滨田英人曾就读于日本北海道大学文学研究科，主攻英美文学，后获文学博士学位，现于札幌大学任教。2001 至 2002 年间，他以客座研究员身份，于加利福尼亚大学（University of California）师从

---

[*] 秦上，大连外国语大学东北亚研究中心博士生（辽宁大连 116044）；胡小春，大连外国语大学日本语学院副教授（辽宁大连 116044）。

Langacker 教授，在认知语法的视角下，对英语的构式开展了相关研究。《认知与语言：日语世界和英语世界》正是滨田英人对此类研究成果的汇集之作。该书于 2016 年 10 月由日本开拓社出版。

不同语言间的认知对比研究长期以来是认知语言学研究中较为活跃的领域之一。本书从"语言"是一种脑内现象的基本观点出发，以日语和英语为研究对象，运用对比分析法、语料库等研究方法，对英语和日语各自的语言特征进行了总结，揭示了两种语言背后不同的认知方式。经过归纳分析，本书总结出了日语话者和英语话者的一般认知方式，前者的认知方式为基于"场景内视点"并融合了感知体验的认知方式，后者的认知方式为基于"场景外视点"的元认知的认知方式。上述两种认知方式分别形成了日语和英语的语感。全书正文由四章构成，下面将分别对各章内容进行概述。

一、内容简介

全书正文共四章。第 1 章介绍了研究背景、理论框架、研究目的，第 2、3、4 章分别从空间认知、视点、概念空间和事件的认知处理三个维度，逐一探讨其与语言编码之间的关系。

第 1 章"认知语法的路径"中，界定了研究目标，阐明了理论框架及研究目的。其下设三小节，分别是"认知语法的语言观""日语英语话者对事物认知的差异与语言表达"与本章小结。滨田认为，在对同一场景进行语言编码时，通过观察不同的语言表达式，可以从不同的语言中发现语言内部或语言之间的相似性和异质性，这种异同体现了它们的语法特征。基于这一认识，滨田在认知语法（Cognitive Grammar）的视角下，试图通过语言层面的分析，揭示出两种语言背后的不同认知方式。

滨田从"语言意义""人类基本的认知能力""感知与认知的机制""感知与认知的相似性"等多个维度出发，对认知语法的语言观进行了总括性论述。滨田认为，"语言意义"体现在认知主体（话者、听者）对描述对象进行概念化的认知过程中。同时，"认知语法"是通过对认知过程的考察，去解释语言与认知关系的一种语法理论。

　　Langacker（1999）曾对人类的基本认知能力进行过归纳（识别图形背景的能力、发现标记物的能力、比较事物的能力、对多数事物进行范畴化的能力、对事物进行抽象化的能力）。[1]Barsalou、Prinz（1997）及Langacker（2008）将经意象化形成的结构体称为"模拟实验"（simulation）。[2] 滨田指出，尽管人类持有的基本认知能力具有相通性或相似性，但从自然语言现象中看，不同语言对同一客观现象，其语言编码的方式和结果也有所区别。由此可知，不同语言的使用者对事物的识解方式不同，继而形成了不同的语言编码结果。"感知与认知的相似性"为英语和日语之间的对比研究提供了理论基础。虽然这两个层面对理解认知语法的语言观具有同等的重要性，但对事物的识解操作则更多依赖于前者；语言意义虽然是反映识解方式的维度之一，但语言意义主要体现在认知主体的认知过程中。即，认知主体的"识解方式"也反映了语言意义。

　　滨田根据以往的研究，从"感知"与"认知"两个维度，总括了两种认知方式。即感知与认识融合状态下的认知方式，与元认知的方式。同时，他认为，不论是日语话者还是英语话者，都具备以其中某种方式为主的视点，而非仅以单一方式进行识解。经考察后滨田发现，日语话者在母语习得过程中，逐渐习惯于通过第一种认知方式进行识解。他们可以将自身置于场景中（场景内视点），以直接的相互作用（体验）进行识解，继而对语言编码。而英语话者则倾向于元认知方式，多以"场景外视点"来识解事物，将视点集中在对象事物上最明显的地方。因此，其构式多为"A是B（A is B）"或"A对B做了某事（A do B）"，即通过射体和界标的认知方式进行识解，继而对语言编码。

---

[1] Ronald W. Langacker, "Grammar and Conceptualization," *Cognitive Linguistics Research 14*, ed. By Rene Dirven, Ronald W. Langacker and John R.Taylor, Berlin/New York: Mouton de Gruyter, 1999, pp.1-44.

[2] L.W. Barsalou and J.J. Prinz, "Mundane Creativity in Perceptual Symbol Systems," *Creative Thought: An Investigation of Conceptual Structures and Processes*, ed. By Thomas B. Ward, Steven M. Smith and J. Vaid, Washington, D. C.: American Psychological Association, 1997, pp.267-307; Ronald W. Langacker, *Cognitive Grammar: A Basic Introduction*, Oxford: Oxford University Press, 2008.

综上，在第 1 章中，滨田主要在归纳英语和日语性质的基础上，分析了两种语言及话者在认知方式上的特点与差异，总括了日语话者习惯于通过"场景内视点"进行识解，而英语话者更倾向于通过"场景外视点"来进行识解的结论。其中，"倾向性"，则是指上述两种视点并非绝对对立、不可兼容。

在第 2、3、4 章中，作者分别从空间认知、视点、概念空间和事件的认知处理等方面，结合大量英日语料，逐一对其与语言编码间的关系进行了探讨。

第 2 章"空间认知与语言表达"中，滨田基于认知语法中的两个基本观点，即"语言表达可以反映出认知主体（话者、听者）对事物的识解方式"与"识解操作的基础是具身体验"，认为在概念世界中，感知体验上的远近也相应形成了认知上的远近。这为其展开论述空间认知与语言表达间的关系提供了理论依据。而在对英语和日语的语言表达式进行对比后，他发现不同语言的表达式反映出了某一类话者按照不同空间（支配域）的内外关系，来展开识解活动。本章则以此类语言现象为语料，通过对比分析，首先对英语中的不定式和动名词，及对"现在完成时"进行说明。在此基础上，将"空间（支配域）"视为"场景"，继而从"场景内视点"与"场景外视点"的角度出发，对日语、英语话者在时态选择、主被动构式选择等方面的差异进行分析。

基于上述理论框架，滨田对英语中的不定式和动名词进行了分析。在考察了大量英语例句后，他总结出了"英语中的不定式与动名词"内部的认知逻辑，即不定式表示发生在距主语较近的事件，动名词表示发生在相对较远的事件。相比不定式而言，动名词具有较高的名词性。动名词是事件客体化后的产物，从概念方面来看，其独立性更高。而被表达的事件究竟处于主语的支配域内还是其外，这一认知上的差异，与话者选择不定式抑或动名词来进行表达也存在关系。

滨田对英语中"现在完成时"的本质进行了归纳。"现在完成时"反映出了"话者将事件带入自己的经验域中"的认知方式。在此认知方式中，事件本身不论是被带入了过去还是现在的谈话空间中，其本身不具有较强的"发生在过去某个时间"的特点。在结合讨论语言事实后，滨田还发现"现在完成"的表达不与表示过去特定时间的副词同时出现,其原因也可归结到此认知方式上。而"现在完成"的实质就是将发生在过去的事件加以固化,使其不发生变化,并在将来某个时间点再将其提取出来。

滨田通过认知域中的"内和外"(即"场景内视点"和"场景外视点")的角度,对日语中"た",究竟是表示"完成"体,还是表示过去时态这一问题进行了阐述。日语话者多使用"场景内视点",以亲临现场的状态识解事件。但出于某些特殊原因,其也能够通过"场景外视点"去识解事件。这种情况下,"た"不表示完成体,而成为了"过去时态"的标记。该识解方式下的语言表达多用"が"格来提示主语,用"を"格提示宾语。

在对"日语和英语话者在主被动构式选择上的差异及语言表达"的考察基础上,同样从空间认识(内外场景视点)出发,得出以下结论。被动构式对英语话者而言,属于一种表示"视点连贯性"和"通过隐藏施动者而将事件一般化"的表达手段。具体而言,英语话者在母语学习的过程中,因已知"句子中必须有主语",即使施动者是话者本身,也会对其进行语言编码。与之相对,日语话者习惯于将感知体验后"所见"的部分进行语言编码。当施动者就是话者本身时,因其无法意识到自身也处在"所见"的范围内,而意识主要都汇聚于对象物或事件变化的状态上,故也只有可见部分才会被语言编码,而忽略了主语本身。

第3章"视点与语言编码"中,滨田对"视点与语言编码"进行了探讨,即对认知主体从不同的视点对物体或事件的识解方式,及其对语言表达的影响进行考察。主要涉及了以下方面,英语与日语中的冠词存在与否以及其规模程度、英日话者对集合的认知方式差异、英语与日语中的双宾语构式、日语中的"の"与英语中的"NP's N"和"the N of NP"之间的差异与关联性。

在对英语和日语中冠词的讨论中,滨田认为冠词"a"与"the",实际上是话者在判断其指示对象是否存在于听者的知识或记忆等认知空间中时,做出的具有选择性的两种表达。同时,对日语中的冠词体系不如英语的完备的现状而言,其原因在于日语话者通过"场景内视点"来识解事件的语言习惯已经固化为社会习惯,属于语言社会长期发展的结果,故无须使用冠词对指示对象加以区分表达。

英语话者和日语话者对"集合"也有着不同的理解。山梨（2000）曾将两类话者在认知上的差异归为"整合型图式"和"离散型图式"。[1] 滨田在此基础上分析得出，英语话者可以通过灵活运用两种不同的图式进行识解。而日语话者在母语习得的过程中，已经习惯了运用"整合型图式"的认知方式（具有单一性）。因此，日语话者在面对如英语中可数名词所对应的事物集合时，即便在概念层面能将对象物识别成复数，但最终还是选择"整合型图式"加以识解，故日语中表示复数的语素不如英语丰富。

滨田对日语中的助词"の"与英语的"NP's N/the N of NP"进行了比较。滨田认为，在"NP_1 の NP_2"中的两个名词之间存在一定关系，即 NP_1 发挥了用于判别 NP_2 特点的功能。实际上助词"の"也存在相应的语义扩展情况。"NP's N"的表达式反映出了在人类一般认知能力中，所具备的"以发现并视某物为标记"的参照点/目标认识的认知能力。"the N of NP"，则因其所表达的对象整个都在视野之中，体现出了"场景外视点"，即通过上述操作对整体中的某一部分形成认知。

滨田对比了"行く""来る"与"go""come"在使用方法上的区别。即日语话者往往以自身的"所见"作为认知的起点，而英语话者则通过元认知的方式，对包含自己的整个场景进行认知，继而将视点置于某个标记上，再以该标记为起点对事件进行识解。因此，在日语中，远离话者"所见范围"的移动只能用"行く"表达，而朝向话者越来越近的移动则只能用"来る"加以表达。英语话者则不同，他们可以将视点置于听者所处的空间内，将自身视点与听者视点合并，以听者的视角来观察自己的移动，故使用"come"来进行表达。

第4章"概念空间和事件的认知处理与语言编码"中，滨田继续在两类话者概念空间认知差异的基础上，分别对不同概念空间中日语话者及英语话者对事件的认知处理与语言编码间的关系进行讨论。具体有以下三方面，有

---

[1] 山梨正明：《認知言語学原理》，くろしお出版，2000年。

关"移动的路径表达"的不同表达式、日语中的"Ｖテイル"与英语中的"be-Ving"的差异，以及英语中的存在表达。

首先，就针对"移动表达"如何进行语言编码问题，滨田在 Talmy（2000）的研究基础上，归纳出日语属于通过动词来对移动路径加以表达的语言，为"动词框架语言"（verb-framed language）。[1] 英语属于通过介副词（如"run out"中的"out"）或前置词句（into the park 等）来表示移动路径的语言，为"卫星框架语言"（satellite-framed language）。两种语言之所以存在这种差异，其原因在于语言背后的不同认知方式。在日语话者通过融合"感知"与"认识"的认知方式进行识解的过程中，事件发展的时间（conceived time）与认知主体对事件进行认知处理的时间（processing time）几乎同时进行。而英语话者的认知方式，即元认知是"概念世界"对"感知"而来的事件进行认知处理的过程。这种在概念世界中构筑的意象，与前者有所区别（两种时间不同步），其主要是由认知主体的"processing time"来进行概念化处理。在认知语法中，前者被称为"感知时间"（conceived time，t），后者则被称为"处理时间"（processing time，T）。日语话者通常意识不到后者，即"处理时间"，但在元认知中，两种时间则可以被加以区分。

其次，滨田分别对日语中的"Ｖテイル"与英语中的进行时（be V-ing）进行归纳并加以本质上的比较。日语中"Ｖテイル"的基础在于，认知主体在与事件直接相互作用时，认知主体直接对其进行语言编码，对发话时眼前的状况进行描写。英语中"be V-ing"实际是将意识投向事件的内部，并对该事件中意识集中的部分进行心理扫描（mental scanning）。滨田认为，日语中的"Ｖテイル"与英语进行时存在共性，即都是认知主体对现实体验事件进行的表达。而区别在于，因日语话者多从"场景内视点"进行识解，故无法判断事件何时结束（结束点）。

最后，滨田就两种语言中的存在表达进行了考察。在日语的表达式中，

---

[1] Talmy, Leonard, *Toward a Cognitive Semantics*, vol.2, *Typology and Process in Concept Structuring*, Cambridge, MA: MIT Press, 2000.

首先被语言编码的是地点，并以该地点为参照物再对目标物形成认知。之后又对英语中的"have 构式""there 构式"进行了区分和比较。滨田认为，"have 构式"包含着将认知对象视为"图形（Figure）"的逻辑，是反映"识解方式"的构式；"there 构式"的首要功能就是唤起听者对某种状况的联想，换言之是让听者对某种状况加以注意，而非单纯的状况描写。

二、简要评述

（一）特色与不足

《认知与语言：日语世界和英语世界》以认知科学为理论基础，对人类的基本认知能力和语言编码之间的关系进行了考察。滨田自身为日语本族语者，且在美国加利福尼亚大学进修多年，在良好的双语环境中，对英语和日语间的差异有着敏锐的洞察力。作者基于大量英语和日语的实例作为对比考察的语料，特别是在对认知语言学方面的专业知识进行解释时，除了进行详尽解释外，还以图示方式将抽象的内容具体化。具体而言，该书主要呈现出以下几方面特点。

第一，结构清晰，内容翔实，对比角度新颖、富有启发性。该书内容设置由浅入深，总体遵循了"总—分"的结构。第 1 章对理论基础和研究框架进行了概述，在 2、3、4 章中从不同角度进行了具体分析。该书的论述部分主要集中于后三章，当具体探讨认知处理与何种要素之间的关系时（如空间认知、视点、概念空间等），均采用了大量翔实的例句展开对比分析。在对英语和日语的语言特征逐一分析的基础上，探讨该语言形式下话语者的一般认知规律，全面展示了不同认知方式对语言的作用和影响。这种内容安排方式体现出了理论介绍的层层推进和深入，结构逻辑清晰、层次分明，为认知语言学理论下的英日对比研究提供了更广阔的角度和更清晰的思路。

第二，研究对象选取新颖，对国内对比分析研究的意义深刻。现如今，就对比分析研究的现状而言，日本国内的英语和日语的比较研究较为突出。而在中国国内，汉语和英语的对比研究较为成熟。该书正是此对比研究背景下的一部认知语言学方面的著作。该书内容立足于比较英语和日语背后的话者认知逻辑，主要涉及空间识解、视点等方面的比较，也有日语和英语在被动句、时态、位移表达等方面的比较，对比广泛全面。随着此书的译介，有关英日对比的一些思考势必会进入我国学者的视野之中，这些新的视角会对汉、日、英所代表的三种语言类型的比较研究提供新的范式，同时也会大大加深国内学界对对比语言研究的认识。

第三，使用对比分析法使读者对认知语言学研究的一般研究方法有了更为深刻的认识。该书虽然作为一部在认知语言学视域下普及英日语言对比分析研究的专业入门书籍，但是充分合理地运用了对比分析的研究方法，使得英语或日语所反映的认知机制的特点成为真正的对比下的"特点"。通过对两种视角、两种认知方式、两种识解过程的全面对比，结合相应的语言事实，所形成的结论则更加全面且具有说服力。此外，该研究方法也让学界注意到，在现阶段实证性研究发展趋势不断增强的大环境下，思辨性研究仍旧具有自身独特的优势。这需要作者具备较强的敏感性、洞察力、语言功底。所有这些展现了作者理论思维的独特性、创新性和辩证性。

当然，该书也存在一些不足之处。首先，全书在框架方面的设计虽然遵循了"总一分"结构，但章中小节的设置却稍显权重不一。该书立足于英语和日语的语言事实，解释两种语言背后认知方式的差异，也归纳出了两种不同的认知方式。但在主要展开对比分析的第2、3、4章中，其内部的小节设置上并非做到了一一对应。多数小节中主要侧重于对英语案例的描述和解释，忽略了对日语本身的归纳和探讨。在对比内容中，基于日语的结论大多并非来自对案例的讨论，而是来自作者自身的知识体系，在此方面存在一定的比重失衡问题。

其次，关于定量分析的研究方法上还有待完善与提高。全书运用的理论框架虽然已经得到了认知语言学界的普遍认可，但语料的选取和定量分析的方法上仍存在一定不足。语料的选取虽然来自自然语言，但选择的标准和出处作者未明确说明，这会导致语料的信度下降，而不足以支撑相关结论的结果。因此，如果能够运用定性定量相结合的研究方法，采取语料库驱动下的对比研究，则本研究的信度也会相应提升，语言间的对比也能呈现出更多数据化、可视化的对比结果，继而才能为深入发掘语言间的认知机制差异提供依据和新的研究范式。

（二）启示

综上所述，该书作为一本介绍认知语言学的入门书籍，以浅显易懂的行文，对英语和日语话者隐藏在语言现象中的思维方式进行比较和探讨，同时也对语言的本质进行了考察。纵览全书，可以给我们带来下述两点启示。

其一，进行跨语种的认知语言学研究可以通过运用语料库的方法展开，或者在多种语言间进行比较分析。只有在不同语种之间进行比较，才能明确某一语言所具备的特征和其反映的认知模式。通过上述方法，在科学分析大量语料的基础上，能够加深我们对英语和日语中隐含的认知方式的理解，进而去发掘其他更多语言表达背后潜在的识解方式和认知规律。基于使用的语言观要求我们对真实语言进行研究时，须依托语料库等研究手段。而认知语言学的量化研究与实证研究转向正是未来的一个趋势。

其二，今后我们应加强认知语言学视域下跨语种的对比研究，尽可能涉及英、日、汉及其以外语种，但同时也要注重理论分析和教学实践的结合，注重分析的现实意义。因为在语言学习的过程中，单凭掌握认知方式还远不足以穷尽语言的用法，还需要掌握相应的语法和词汇。学习语言要了解语言的理据，更要进行跨语言的对比、培养跨文化交际能力。因此，开展相关的语言教育也不可或缺，即让学习者能够沿着该语言话者对事件的识解方式进行学习，这有益于加深学习者对"外语"中潜藏的认知行为和识解方式的理解。

总而言之，该书对英语和日语话者隐藏在语言现象中的思维方式进行了比较和探讨，同时也对语言的本质进行了考察，不论是在理论还是在方法上，都为认知语言学和对比语言学做出了巨大贡献，相信其定能够推动汉语、日语、英语等的认知对比研究的发展。最后，也期望未来能有更多此类认知语言学理论方面的著作问世，以推动语言学理论的全面发展。